沈磊

著

班主任工作

从入门到精通

How
to be
Proficient as a
Homeroom
Teacher

CS 湖南人民出版社·长沙

目 录

第一章

发掘自己，
成为宝藏班主任

一. 做好盘点，认清班主任的岗前顾虑

每到九月，随着新生入学，新一批班主任也开始上岗。不管有无经验，每一位班主任心里多少都会有点儿没底。

我是新手，我能胜任吗？

我是老将，我以往的经验还能奏效吗？

我性格温和，我搞得定学生吗？

我工作十几年了，我还能耐心地对待学生吗？

…………

未知的世界总是兼具挑战和无限可能。

我们先来做一个互动：

如果用一个表情包来表达你在担任班主任前的心情，你会选择哪一个？为什么你会觉得这个表情可以恰当地表达你的心情？

实际上，大多数教师在担任班主任时，都会有一些忐忑。究其原因，主要有以下几种顾虑。

● 担心自己不会做

不同于学科教师上岗前会有专业培训，班主任工作没有系统指导，也没有教案、教参、课例可供自主学习。新人上岗不知道做什么、怎么做，这属于正常情况。

● 担心自己做不好

班主任既要"建班"也要育人，其工作内容是个体教育与集体教育的结合。面对中小学生层出不穷的成长问题，特别是时代背景下出现的新问题，没有固定的做法可套用。解决不好或暂时不能解决问题，也是正常的。

● 担心自己无法兼顾工作和生活

这是班主任的现实困难。班主任需要有很强的责任心以及应变能力，因为该岗位工作节奏快、压力大，加上本身还需要负责一定的教学工作，工作量难以具体衡量。教师也是普通人，也有自己的生活，承担着多重家庭角色，想要兼顾好工作和生活，确实不容易。

因此，教师对班主任工作望而却步也是人之常情。那么如何由心里发慌转变为底气十足呢？

二、 五个策略，帮你充分释放潜能

1.接纳情绪，找到切入点

相较于普通教师而言，班主任是特殊的教师，其承担的责任更大，扮演的角色更多维。上岗前感到紧张或不安，恰恰是教师有责任心、在乎学生和班级未来发展的具体表现。

小调查：

假如我是一名班主任，以下哪个时间点最令我紧张？

A. 六月下旬，当学校领导找我谈新学期班主任工作安排时

B. 暑假中期，当我开始准备新学期班主任工作时

C. 军训期间，当我陪伴学生参与国防教育时

D. 顺利开学，在我每天与学生接触时

你会选择哪个答案？我问过很多教师，中选率最高的是B。

恐惧来源于未知，因此"紧张峰值"就会出现在人"代入"新角色的准备过程中。

基于对第一个问题的回答，我们再来问自己第二个问题：

我在紧张的情况下，能做点什么？

◎如果你想了解新生的情况，那就去翻阅学校发给你的学生档案，虽然资料不全，但可以借此对学生形成初步了解；

◎如果你想和家长交流，那就提前组建一个家长群，以便于通知家长加入，进行前期互动；

◎如果你想向学生和家长介绍自己，那不妨认真写一封信或者拍一个微视频，为学生和家长留下一个好印象，拉近彼此的关系；

◎如果……

以上建议，是为了帮助你找到一个适合的切入点，满足你在班主任工作准备过程中的某种需求，以便于你尽早调节自己的情绪，逐渐进入角色。

2.认知自我，找准优势点

新班主任大都会经历这样一个过程：

在暑假里读到一些介绍班主任工作经验的书，觉得作者很厉害。

↓

借鉴书中或身边优秀班主任的做法，结果却"水土不服"。

↓

当了一段时间班主任，遇到了不少问题，觉得别人比自己更称职。

"阅读—模仿—实践"这个成长模式反映出班主任的两个必备条件：责任感和学习力。有责任感的教师会不断学习，让自己尽快胜任班主任工作；有学习力的班主任会不断阅读和实践，快速提升经验值。

或许不少教师会有这样一个疑问：我很有责任感，也在努力地提升自己的学习力，但工作的效果依然不理想。究竟是哪里出了问题呢？

我认为是忽视了专业成长的第一要素：教师本人。

教育的场域决定了教育的效果。

教师、学生、家长、团队、地域……这些教育中的变量合在一起就导致了教育情境的不同。说到底，教育是因材施教，也是因境施教。

每一位教师都是宝藏教师，我建议大家在努力提升自己之前，先认真地研究自己。

研究角度可参考表1-1：

表1-1 班主任个人情况分析表

学科特长		师生关系情况	
性格特点		对教育的理解	
兴趣爱好		对学生的期待	
经历		对自己的期待	
选择上述任意一点，谈一谈它在你的班主任工作中可以发挥怎样的作用			
思考一下，你可能存在的不足			
你有什么方法来弥补不足			

注：可填写恰当的形容词完成前四行内容。

怎么使用这张表？我来举例说明。

比如一位教师在"性格特点"一栏中填写的是"活泼开朗"，那就思考"活泼开朗"这一特质在班主任工作中可以发挥怎样的优势。这类班主任往往"坐不住"，会有很多新点子、小创意，设计的活动深受学生喜爱，他们很容易通过设计丰富有趣的活动对学生施加影响。

又如一位教师填写的是"安静内敛"，那就思考这一特质会给自身的带班风格造成怎样的影响。这类班主任通常情绪稳定，观察力强，愿意深入了解学生，能详细分析问题的原因。他们很善于通过打造班级文化，提供行为示范，在倾听中建立良好的师生关系。

我就在学生时代受到了几任班主任的积极影响，他们对我的关心和引导让我体会到了真正的师生情。所以在入职时，我就暗下决心，一定要像我的班主任对待我那样对待学生，和学生保持亦师亦友的关系，相互影响。通过实践这种想法，工作十几年来，我和学生一直在共同成长。

表1-1可以帮助你做好自我分析，更加理性地发掘自身优势，觉察不足。表格的前四行完全可以随心所欲地填写，写出真实的想法即可；后三行则需要你选择其中一点进行具体分析。

进行自我分析只是我们了解自己的第一步，接下来，我们还可以把找到的优势列成表格，进行进一步分析，如表1-2。

表1-2 我的优势列表

我的优势	我准备做什么	我计划怎么做

举例：

表1-2 我的优势列表

我的优势	我准备做什么	我计划怎么做
喜欢阅读	打造书香班级	①布置班级图书角 ②开展阅读分享活动 ③组织班级课本剧表演 ④策划"亲子共读"活动 ⑤阅读成果展示（结合班级文化） ⑥创办班刊，收录学生作品 ⑦邀请语文老师做阅读指导讲座 ⑧设计"读写结合"系列活动 ⑨评选班级"阅读之星"和"书香家庭" ⑩举行"阅读之星"经验交流会

是不是很吃惊？单单围绕"喜欢阅读"这一优势，通过列表分析便可以生成这么多的内容。你还不赶紧试试？

充分地认知自我，找准优势点，先聚焦再发散，班主任工作就能轻松上手了。

3.它山之石，找足学习点

分析了自己的优势和不足，就会出现知识空缺，教师可以辩证地看待自己想去尝试和亟须学习的地方。

比如，有的班主任对主题班会的设计与实施很感兴趣，有自己的想法，希望能够设计好每一次主题班会。那么，接下来每节课怎么准备、如何调研学情、如何制定班会目标、如何围绕目标设计班会环节以及用怎样的形式来开展班会等，就需要多参考成熟的班会案例，以提高自身的设计能力。

再如，有的班主任分析出自己经验不够，难以让家长信服，难以获得充分的家校合力，那就可以重点关注家校合育方面的主题，分析家长的类型、考虑家长的需求、学习家校沟通的艺术，从而补足短板，有针对性地学习。

下面介绍三种我的自主学习法：

● **"思考—阅读"法**

简单来说，就是带着自己的思考去阅读。

市面上有很多讲解班主任工作的书籍，有的侧重班级管理理念论述，有的侧重方法指导。在阅读前，我们一定要弄清楚自己想解决什么问题，不然就会无重点，走马观花，读到故事就感动，读到理论就挠头。

为了帮助大家更好地带着自己的问题和思考去阅读，我设计了一张"我的阅读指南表"（表1-3）。

表1-3　我的阅读指南表

我遇到的问题	我的分析	我希望通过阅读达成什么目标	我的思考与质疑

举例：

表1-3　我的阅读指南表

我遇到的问题	我的分析	我希望通过阅读达成什么目标	我的思考与质疑
班委工作不积极	①缺少对班委的系统培养和指导；②班委的工作方式不恰当，与同学产生了矛盾；③少数班委在班级里造成了负面影响；④家长担心担任班委会影响孩子的学习。	①学习培养班委的方式方法；②对班委进行分岗、分项培训（参考案例或培训方案）；③学习班主任如何与班委就班级问题进行沟通，加强对班委工作的指导。	作者观点：采取学生自荐的方式产生班委团队容易造成假民主的现象。 我的疑问：为什么会造成假民主的现象呢？学生自荐式的优缺点是什么？如何改变这种情况？

运用好表1-3，一边分析思考一边阅读，与作者的想法和做法产生关联，发挥元认知在阅读中的作用。

根据阅读的目的，我推荐三种不同类别的书籍：

◎想要快速上手，关注实操层面，推荐阅读"热销书"，发挥

"拿来主义"精神；

◎想要追本溯源，厘清事情背后的原理，那就选择"教育经典"，常啃"大部头"；

◎想要专题突破，多角度、多方法解决问题或者关注最新鲜的话题，那就订阅报纸、杂志，或关注优质的教育类公众号。

"思考—阅读"法是最容易上手且随时随地都可开展的好方法，新人班主任不妨好好利用起来。

● **"选择—讲座"法**

班主任应围绕自身学习需求，有选择性地听讲座。

随着"立德树人"这一教育根本任务的明确，班主任工作获得了更多的支持和保障，名师讲座资源日益丰富。有免费型的，也有付费型的；有高校专家的前沿理论宣讲，也有一线名优班主任的经验分享；有在线直播型的，也有现场交流型的。

但资源过多，反而容易挑花了眼，如果大家漫无目地去听，很有可能会形成"每个主题都涉及，一个主题都不懂"的局面。班主任若想在培训、讲座中有所收获，提高学习力，就要自主地对培训主题、讲座内容进行选择。

在此，我提供两种选择讲座的思路供大家参考：

◎定人跟学

即选定某一个或某一类风格的班主任，跟着他或他们学。

不管是高校理论研究者还是一线班主任，每个人都有各自的风格和倾向，有自己较擅长的领域和带班的秘诀。

所谓心有灵犀一点通，我们只有选择自己认同的、有共鸣的、精神契合的班主任加以学习，才能在讲座中更好地理解他们解决问题的思路，实现"四两拨千斤"的目标，这样才便于借鉴与运用。

选定适合自己的班主任或团队，跟着学，在不同的讲座主题里建构自己的认知维度，形成班主任工作的系统思维，将更有利于我们的成长。

◎定题研学

即选定主题，开展研究性学习。

听讲座的目的是解决实践工作中的问题或提升自己解决某一类问题的能力，这需要进行专题突破。

选定相关主题，从不同的维度确定自己所需要听的讲座的类型。比如想要提升主题班会的设计能力，可以听专家关于主题班会设计与实施的理论解读、策略指导，听一线班主任的班会课例分享，听班会优质课作者关于备课、磨课的思考过程。

螺旋式突破主题难点，其他主题的讲座可以暂时不听（规划到后期的学习中去），形成班主任工作的点状模型。

"选择—讲座"法有利于我们学得更"集中"、更连贯，对于解决带班工作中遇到的现实问题意义重大。

● **"互动—提问"法**

不管是与身边的"资深"班主任交流，还是在听讲座、听报告时，我们都会有不理解、不清楚的地方。这就需要我们积极互动起来，在适宜的时机提出自己的问题，以便得到更有针对性的答案，解除心中疑惑。学习就要主动，方便提问之处直接提问，能够互动的环节积极互动，提问互动的过程就是思维加工的过程，只有认真学习了、思考了才会有所收获，才能让分享者感受到被尊重，看到你的好学之心。

"互动—提问"法是提高现场学习效率最便捷的方法，且应用范围广、灵活性高，值得我们好好运用。

　　它山之石，可以攻玉。在对自己形成了清晰认知的基础上，找足学习点，见贤思齐，就能较好地弥补自己的不足。

4.勾勒蓝图，找出目标点

正如上课前要备课，上台前要预演一样，我们正式接手班主任工作前也要对班级的发展进行畅想，勾勒出班级成长的蓝图。

勾勒班级成长的蓝图其实就是初步确定班级发展目标，有了明确的目标，才会形成清晰的发展路径，确定带班策略。

教师可以根据以下表格勾勒班级成长的蓝图（表1-4）：

表1-4　我理想中的班级

教室的物化环境		学生的精神面貌	
班本课程建设		班级的文化雏形	
师生关系		生生互动状态	
教师团队团结度		家校合作程度	
一年发展目标			
两年发展目标			
三年发展目标			
终身成长的期待			
预设实施方案			

通过各个方面的预设，班级发展规划逐渐清晰。

勾勒班级成长的蓝图有三个好处：

● 从被动接受到主动筹划

许多教师都是被学校安排担任班主任的，所以工作初期被动接受的感觉会相对强烈。

自主勾勒班级发展的蓝图可以在短时间内将美好的未来预想呈现于脑海，建立起情感连接，激发自己"试一试"的冲动，从而减少被动接受感，增加工作积极性。

● 从无从下手到以终为始

建班初期千头万绪，一切待入正轨，班主任常常无从下手。想起什么做什么，今天搞班委建设，明天抓班级常规，使自己筋疲力尽，效果还不明显。

有了班级蓝图，就有了班级发展的终极目标，从目标倒推行为，具体的行动措施就有了。

● 从遍地撒网到要事优先

班主任的各项工作看似平行，其实有其内在的轻重缓急次序。比如制订班级公约，既是班级常规管理的依据，也是班级文化形成的重要途径。班级公约的制订直接影响自主管理、班委培养、班级评价、奖惩措施、师生关系等多方面。

学生不同，班级文化不同，班级的发展阶段就不同。同样是起始年级，有的班级学生规则意识较强，班级就很容易走上正轨；有的班级因个别学生问题较大，影响班级秩序的建立，班主任要花大力气进行纠正教育，因此班级发展便会相对缓慢。

作为班主任，我们需要明确，班级处于不同的发展阶段便会有不同的工作重点。

提前勾勒蓝图，做好规划，我们就可以集中精力来解决某一阶段的主要矛盾。

我所说的"要事优先"，就是这个意思。

目标感永远是激发内在动力的源泉，于师生均是如此。勾勒蓝图和实现梦想的过程也正是班级文化的形成过程。

5.更新理念，找寻专业点

班主任工作有其专业性。班主任除了需要具备扎实的教学基本功，还要掌握教育学、心理学、管理学等综合知识，并要有将这些知识运用于实践的能力。

班主任工作繁杂，若想工作起来相对轻松，就要对班主任的工作内容有充分的了解。

据我总结，班主任工作主要涉及三个方面：事务性工作、建班工作（集体教育）、育人工作（个体教育）。

事务性工作主要是对接年级组和学校各部门，包括迎接检查、参加班主任例会、参与相关学习培训等。形成日常工作规范是高效完成事务性工作的前提。

建班工作的内容主要包括建设班级文化，建设班级组织，设计并上好班会课，策划与开展班级活动，"家校社"协同共育。其中每一个内容都面向集体，有着重要的集体教育意义。因此，建班工作对班级教育意义重大。

育人工作主要指向学生个体，包括文明礼仪养成教育、学业指导、价值观教育、人际交往指导和问题学生教育等内容。班主任在开展育人工作时，务必因材施教，关注学生的分层、分类培养。

坚持对上述内容进行思考，并不断将自己的思考结果付诸实践，在实践中提升；坚持找寻专业学习点，实现专业化成长，遵循班主任工作的规律，提升带班效果。

底气十足才能心中不慌！灵活运用五大策略，做好岗前准备，开启班级经营之旅。

三、 把握节点，形成个人风格

1.分班后，留下良好第一印象

均衡分班，抽签配对班主任和学生，学生"落户"完成，新班进入组建阶段，班主任就该正式上岗了。

细致分析每一项工作的必要性和可行性，有助于班主任更好地进行班集体建设，减少"新"所带来的焦虑和无序，同时也有利于尽早建立班级秩序感。

详细来说，分班后，班主任要尽快开展以下三项工作，以便于让班级快速运转起来，给学生留下良好的第一印象。

（1）自拟标签，定义"最好"

我认为，班主任进行自我分析，找准优势点，这是向内看。在正式上岗后，我们还可以向外看，对标找差。这就是需要我们跳出自我的框架，问自己一个问题：在我心中，什么样的班主任是好的班主任？

针对这个问题，每个人都会有不同的答案：

◎有人觉得有爱心、耐心、责任心的班主任是好班主任；

◎有人认为对学生严格要求的班主任是好班主任；

◎有人觉得性格开朗、能积极主动地影响学生的班主任是好班主任；

◎还有人偏信只有"主科"教师担任班主任才算好。

定位"好班主任"角色是很重要的，因为班主任的特质不同，班级的特点也会有所不同。

◎你性格活泼、爱好广泛，学生就会在你的影响下乐于探索；

◎你处事沉稳、计划性强，学生就会更有目标感和执行力。

尽管我们普遍认为，不同学科背景的教师有各自的优势，可家长不一定这么认为！

家长往往都希望自己的孩子遇到的班主任是成熟的"主科"教师，这种心态很好理解，因为他们偏向于认为"主科"教师更专业，更能帮助他们的孩子升入"热门"中小学。

其实，班主任工作的性质就决定了其带班效果与任教学科无关，更多的是对一位教师责任心、投入程度和管理水平的考验。

那么，怎么才能让家长认同你呢？我们不妨参考表1-5主动给自己贴标签，用你的标签向家长证明你就是"最好的班主任"。

表1-5 独一无二的我——最好的班主任

"主科"教师	专业性强，学科"威望"高，更能使学生信服。
"非主科"教师	时间、精力相对充沛，更能关注学生的全面发展； 有自己的学科特长，更容易吸引学生，发挥"亲师性"； 专业出身，责任心、教育方法不比"主科"教师少。
成熟教师	经验和资历就是你的招牌。

新手教师	学习的主动性强，管理水平提升更快； 家庭负担小，可以全身心投入到对学生的培养中； 擅长多媒体教学、接受新鲜事物快，更能带动学生； 与学生的年龄差距小，更容易和学生成为"自己人"。
交集型教师	成熟"主科"教师、成熟"非主科"教师、新手"主科"教师、 新手"非主科"教师，具备"单型"教师的"集合"特点。

从可能遭遇的管理阻力上看，新手"非主科"教师＞新手"主科"教师＞成熟"非主科"教师＞成熟"主科"教师。所遇阻力越大的教师，越要给自己多贴标签，以此让家长和学生看到你的优点，配合你的工作。

好班主任，其实就是在工作中能发挥自己所长以促进学生发展的人。我们要通过贴标签与家长达成共识：适合的，就是最好的！

（2）建群组队，主动亮相

贴好了标签，找准了定位，突出了个人优势后，人就自信多了。这时候，组建家长群的好时机就到了。

事实上，组建家长群也是当好班主任的"必要一步"，因为学校一公示分班结果，家长就会第一时间打听班主任的情况。家长心里也有很多问号：班主任是男是女？任教什么学科？教龄多少年？带过几届毕业班？经验是否丰富？孩子是否会喜欢……

家长们会像一部部探测仪一般，通过网络查询、咨询往届学生或学生家长等渠道，全方位"挖掘"班主任的信息。虽然听上去有些恐怖，但家长们的心情是完全可以理解的。

所以，班主任不妨主动亮相。通过建立家长群，向家长们展示自己的工作态度、专业素养和职业精神等。

虽然微信使用很广泛，但我更推荐大家建班级QQ群。

一来，便于发布公告、上传文件、填写报表等；二来，家长若有疑问，也方便私聊，无须添加好友，互动聊天更便捷。

建群后，有三个注意事项：

● 第一时间发布群规则

凡事都有两面性。家长群既可以是互通消息、保障家校合作的便捷平台，也可以是破坏班级团结、散布消极舆论的网络空间。所以在建群之后，班主任要积极引导，把握家长群的"运行"方向，第一时间制订适宜的群规并让所有成员知晓。

从班主任的工作边界、家长群的功能、教师的作息需求等多个方面考虑，群规则的制订必须明确四点：

◎明确组建家长群的目的和意义

组建家长群是为了更好地传递学校信息、分享学生的收获成长、与家长沟通学生的情况、开展家庭教育指导等，所以在建群时，应只允许学生父母加群沟通，其他亲友（特别是隔代长辈）不加群（学生因家庭原因，监护人非双亲的除外）。群成员不得在群内发布与学生成长无关的信息（如投票、集赞、广告等），更不能随意转发未经考证的教育消息（如"双减"之后，网上出现的各种引导性评论，其实都非官方解读）。

◎明确家长群的发言规则

教师在发布消息后，有时为了避免刷屏，可告知家长"无须回复"，但有的重要通知需要保证所有家长都看到，则可以加上"收到请回复"。教师在发布表扬信息或发布通知后，家长们无须回复"老师辛苦了""谢谢老师""老师注意身体"等话语，避免群氛围异化。

◎明确家长群的讨论内容

家长群是公共空间，适合讨论与学生集体利益相关的事情。如果是个人疑问或是对学校、对教师的一些做法存在疑问，家长应该通过私聊与教师沟通，不要在群里公开对话，以免因个人情绪和某些误解而破坏群聊的和谐。也有很多家长不放心让孩子独立面对问题，经常在群里联络班主任，请班主任转达"作业本／水杯已放在学校保安亭""下雨了，伞送来了""放学后在学校门口等我"这类消息。仔细想想，如果班主任每天都要负责转达这样的消息，时间久了，孩子对家长的依赖性会越来越大，班主任工作也会因此而堆积，班主任本人也会受困于琐事而筋疲力尽。班主任应该引导一种关注孩子成长的、积极正向的舆论。

◎明确家长群的对话时间

很多群晚上异常活跃，特别是20:00以后。结束了一天的工作，吃过晚饭，孩子在做作业，家长们便想起了要向教师询问孩子的情况，于是班主任的QQ或微信就开始响个不停。班主任也需要足够的休息时间，下班后也需要回归家庭生活。只有休息好了，他们在学校里才能更加投入地开展工作（何况很多教师都是晚上在家备课）。所以如非必要或紧急情况，家长晚上尽量不要联系教师。22:00以后，更不要在群里交流，以免打扰其他家长休息。

有了群规则，家长群体的互动就会变得有序、可控，这也是我们向家长展示自身管理水平和专业能力的重要机会。

● 每天都要让群里有点动静

家长群建好后，我们就要主动传播学校的教育理念和自身的带班思想，让家长更了解中小衔接的特点，引导其做好辅助教学的工作，从思想上达成家校统一。

如果建群后，群里冷冷清清的，那么班集体就"热乎"不起来。有事说事，无事我们也可以转发一些与教学相关的帖子到家长群，与家长围绕帖子的内容展开有益探讨。

帖子内容可以丰富多彩，但务必是积极正向的。

◎转发学校以往的办学报道，图文并茂地解读学校的办学理念和教育追求，传播学校文化；

◎转发丰富多彩的学科课程、学生活动影像，记录学生的学习与成长；

◎转发学校的作息安排表、常规要求条例，使家长根据自身实际需求进行调整；

◎向家长阐述自己对教育的理解、对班集体建设和学生成长的设想，通过构建共同愿景激发家长参与班级建设的热情；

◎推送中小衔接阶段帮助学生进行身心适应性调整的文章，发布学科学习特点讲解方面的文字，指导家长科学地陪伴孩子参与衔接教育；

◎转发军训或衔接实践活动中拍摄的照片或视频。

请一定注意：你所发布的系列照片、视频、文字，要兼顾班里所有的学生。日后在发布表扬信息等公告时，也要兼顾各个层次的学生，避免学生和家长形成"没被表扬，就是批评"的理解。教育的公平性，首先体现在教师对每一个学生的关注上。

前文提到的内容，都是家长和学生在新环境中最关注的话题。班主任如果能站在他们的角度给予专业的指导，与他们一同讨论，就能很快在家长和学生心目中树立起自己的威信。

● 有意识地物色群里有积极影响力的家长

有影响力的家长分为两种：一种是积极型的家长，他们关心孩子的成长，会积极参与家校互动；另一种是消极型的家长，他们配合意识不强，经常制造考试焦虑和恐慌。我们所要做的，就是找出积极型的家长，让他们发挥有益影响。

那么我们如何识别积极型的家长呢？

积极型的家长通常具有这些特征：当班主任发布一些需要家长配合的任务时，他们会积极响应，主动参与；当班主任解读教育理念时，他们会跟随讨论并对感兴趣的内容发问；当重要活动开展时，他们能提出自己的想法，号召和组织其他家长参与活动；当某些问题出现时，他们能站在教师的角度，善意提醒，帮忙解释……他们身上有着巨大的、积极的影响力。

班主任应当通过群聊，有意识地物色这类家长，为他们提供平台，扩大他们在家长群体中的影响力。当成立"家委会"时，也要鼓励他们参与，让他们担任要职，为班集体建设出谋划策。

做好群主，在网络空间里和家长精诚合作，主动展现我们的专业能力，赢得家长的信任，就能为我们的带班工作开个好头。

（3）线上线下，高效家访

在网络上和家长有了初步互动后，我们便可以设计一次目的明确、行动高效的家访活动。

线下入户家访的重要性不言而喻。走入学生的家庭，了解他们的成长环境和生活习惯，有助于我们把握行动方向，加强管理效果。

除了入户家访，我们也可以设计几次线上集体互动的活动，开展"E家访"。

班主任可以制作微课，向家长和学生进行形式多样的自我介绍，还可以通过摄像机镜头带领大家"云访学校""在线看班"，介绍学校的特色，让学生对学校有一个直观的感受。在微课的最后，班主任可以向学生提一些自己想了解的问题，然后发布任务。学生领取任务后，选择其中1～2项完成。如"介绍我的书房""夸夸我自己""我的小学时光"等，让学生用视频的方式将自己的回答拍摄下来，困难处可请家长协助（要提前和家长约定好，可协助但不可以代劳）。

班主任和学生各自设计并拍摄视频，完成素材收集、剪辑、制作后，发到家长群共享。

线上家访可以变"访问一个家庭"为"全班面对面"，能加快学生相互了解的速度，促进班级团结。

以上三项工作，其实是在分班抽签后为激发班级起始活力而设的，策划与执行得越细致，往后的班级管理就越顺利。

万事开头难，抓好"出发点"，让学生和家长从一开始便信任你、喜欢你，对你留有良好的第一印象，将大大提高你的工作效率。

2.新生家访，亮出第一张名片

家访是传统的家校合作形式。所谓家访，是指为了协调学校与家庭的教育工作，统一学校教育与家庭教育对学生的要求，促进学生德、智、体、美、劳全面发展，而由班主任代表学校对学生家庭所进行的具有教育性质的访问。

根据不同的目的，家访又可以分为：一般性家访、慰问性家访、表扬性家访、沟通性家访、防微杜渐性家访和纠正不良家庭教育性家访。

家访，特别是建班初期的新生家访，是班主任向学生和家长亮出"第一张名片"的重要渠道。成功的家访能够在短时间内迅速建立起互信的师生关系和家校关系，有助于班集体建设的持续开展。

新生及其家长在分班之后，一定会想第一时间了解自己（自己的孩子）的班主任，也会想从班主任口中了解关于课程衔接、习惯过渡等方面的内容；班主任也会想了解自己的学生，了解家长对教育的配合程度。此时，新生家访的重要性就不言而喻了。

那么，针对新生的家访，班主任需要考虑哪些问题呢？

（1）家访前：明确目的，突出针对性

"计划先行"是一切工作的准则。面对双方的好奇心和对新学期的美好憧憬，明确家访目的，做足准备，才能满足彼此的需求，实现初步了解、建立联系的目的。那么具体应该怎么做呢？

●拟定家访名单，确定范围

根据学校提供给班主任的学生信息，我们可以将家庭住址相近的

学生圈画在一起，预设同一天进行家访。

我的习惯是先对住得远的家庭进行家访，即"先远后近"。一来，先难后易无论是从体力上还是心理上都容易接受一些；二来，这样可以让住得远的家庭感觉教师的关爱是无差别的，更显亲切。

每天访问几家，根据班级总人数和家访时间的宽裕程度来确定。比如我接手的新班有四十二名同学，我就留出七天的时间进行家访，每天访问六家左右，根据家庭住址微调，这样便能很容易地拟定每日家访的名单。

● 确定家访形式和时间

名单拟定后，我们要先通过电话与家长沟通。默认的形式为上门拜访，若家长表示家里不方便接待或表达出不太情愿让教师到家里来的意思，我们便要尊重家长，改约到校面谈或电话沟通，达到交流的目的即可。

确定家访形式后应立即预约时间。约好一家便做好记录，再约下一家的时候要留足赶路时间，即便两家住同一个小区，也可能因为我们搞不清单元楼所在位置而迟到。

● 分析家访对象

这是很重要的准备工作：在家访前一定要尽可能多地了解家访的对象。

对于学生，要准确记住其姓名，这样可以拉近我们与学生的距离；对于家长，要事先了解其文化程度和职业，如此便可初步判断该选择何种方式进行交流。如果没有信息可供了解，我们则要在交流的过程中多留心，灵活地调整沟通方式。

● **准备好谈话的内容**

　　家访是有目的、有计划的家校合作活动，漫无目的的闲聊既浪费彼此的时间，又影响教师形象的树立，容易给家长和学生留下不好的印象。所以我们要预设谈话内容，提前准备好相应的问题。

　　谈话可以由三大模块组成——介绍、了解、解答。

　　介绍：介绍学校的办学理念、课程、活动设置等，也可以介绍自己对教育的理解、对班级未来的设想等，甚至可以进行自我介绍，满足家长对班主任的好奇心。

　　了解：带着同样的好奇心，尽可能多角度地了解学生和家长。

　　解答：解答学生和家长（特别是家长）提出的各种教育问题。回答学生提问时，态度要亲切，要尽量使他们对学校学习生活有所向往；回答家长的提问时，尽可能做到专业、准确。

（2）家访中：把握节奏，体现专业性

　　有了充分的准备，家访活动就成功了一半。在家访中，班主任要致力于展示出自己的沟通能力和专业魅力。那么，具体从哪些方面着手呢？

● **服装、气质展现教师形象**

　　教师是专业技术人员，班主任首先应该从仪容仪表上展现出自己的教师气质，以此增加家长对教师、对学校的信任。

● **控制家访时间**

　　家访时间不宜过长，尽量控制在20分钟左右，不要逗留到饭点。控制时间的最好方式就是控制交流的话题，围绕准备的中心话题谈话，避免闲谈。长时间的闲谈会拖慢家访节奏，使班主任感到疲劳，

从而导致班主任无法按时访问下一家。

● 以友善、轻松的态度展开沟通

沟通过程中，可能会出现一些棘手的问题，如家长唯分数论，又或者因班主任资历浅而质疑其工作能力等，此时班主任就要灵活一点，始终保持友善的态度，将话题转回轻松、可把控的内容中去。

● 根据家长的特点，采取不同的沟通策略

通常，我们只需要进行几分钟的沟通就能分辨出家长的类型。对于通情达理的家长，班主任可以开门见山地提出要求，然后与家长进行探讨式对话，告诉家长你的想法，聆听家长的意见和建议，彼此互换想法，达成共识；如果是对子女期望较高、性情急躁的家长，班主任可以首先以温和的态度，创造良好的谈话氛围，然后帮助家长分析实际情况，缓解焦虑，了解入学后该如何配合学校教育；对于娇惯子女的家长，班主任要立场坚定、态度诚恳，在尊重家长的基础上帮他们分析严与爱的关系，明确孩子学会独立的重要性；对过分依靠学校教育的家长，班主任要了解其家庭的实际情况，帮助家长树立正确的家庭教育观念，指出家长在孩子成长过程中不可替代的作用。

● 多分析问题和现象，多给出具体建议

家有读书郎本来就是一件既令人幸福又令人不安的事情，如果有家长因此而感到焦虑，班主任便应从自身专业的角度帮助家长分析衔接阶段的特殊性，列举学生在适应过程中可能出现的问题并给出具体可行的建议（2~3条）。

● 展现出自己对教育事业的热情和对学生的爱

每个人对"好班主任"都有自己的标准，家访的过程中，家长也一定会在心里评价班主任。评价的角度很多，但如果我们在沟通中充

分展现出自己对教育事业的热情和对学生的爱，那么就更有可能得到家长的认可，使他们更加放心。

● "不要"和"可以"

因材施教的前提是了解受教育对象，在家访中，我们很容易觉察出学生与学生、家庭与家庭之间的不同。我建议大家不要当着家长的面做记录，而应该回去整理思路，思考与不同学生及家庭的合作模式。

在第一次家访时，班主任可以请家长为学生和自己拍一张师生合影，以此拉近师生间的距离。

（3）家访后：归档整理，提升实效

进行新生家访是为了班主任能初步了解学生及学生家长并与之建立联系，所以回去后班主任一定要整理好当天了解到的情况。分析学生的性格特点、兴趣爱好、发展可能……将感性认识转化为理性思考，以便于日后因材施教。

除此之外，班主任还应当建立"家访记录卡"。建立"家访记录卡"是为了了解学生家庭的基本情况，记录学生的表现和家长的意见反馈等，这是进行后期"追踪"的重要资料。进行后期"追踪"可以检测家访效果，并帮助班主任有针对性地调整教育方式。可以说，进行后期"追踪"是家访流程中的关键一步。当然，学生的原生家庭差异很大，如果有一些情况涉及学生隐私，班主任一定要保密。在正式开学后，要持续跟进与反馈，提升家访的实效性。

3.设计一场别开生面的"线上新生见面会"

带班如同开车，想要让这辆车平稳、高速地运行，班主任就要做好前期预热，稳步提速，如果一上来就猛踩油门，后果可想而知。

建班起始，班级处于"散装拼搭"阶段。没有制度的约束、文化的影响，学生往往状况百出。班主任想要迅速建立班级规范，就一定要主动发力。

小调查：

如果建班之初，学生的表现不如我意，我将如何发力？

A.拍讲桌、瞪眼睛、发脾气

B.罗列问题，共管齐抓

C.把学生的问题抛给家长，让家长解决

D.和学生语重心长地沟通

这是班主任最常见的四种操作，我来给大家解读。

A.拍讲桌、瞪眼睛、发脾气　　　　——使用蛮力

B.罗列问题，共管齐抓　　　　　　——无着力点

C.把学生的问题抛给家长，让家长解决　——问题转嫁

D.和学生语重心长地沟通　　　　　——使不上力

【解析】

A.使用蛮力见效快但不长效，往往都是班主任在，学生乖；班主任不在，学生皮；班主任的课勉强上，非班主任的课没法上。

B.无着力点往往让班主任疲惫不堪，处处管，处处管不好。问题多又抓不住重点，所以策略分散，管理效果不明显。

C.问题转嫁的后果是家长对班主任的信任迅速消失，对其产生负面评价，然后一传十，十传百，形成不良影响。

D.使不上力会使班主任威信尽失，时间久了学生容易形成小团体，班级管理的难度就更大了。

种下一棵树最好的时间是十年前，其次是现在。解决班级问题的最好时间是建班前，其次是问题出现时。班主任如果能在建班之初就创设关键事件，启动班级运行机制，就可以对学生个体和班集体形成双向影响，使学生迅速建立规则意识。

那么，怎样才能为新班预热呢？我建议举行"线上新生见面会"。提到"线上新生见面会"，你可能会有一连串的疑问：

◎什么是新生见面会？

◎有必要举行吗？

◎为什么要放在线上？

◎怎么操作？

◎需要家长参与吗？

…………

在这里，我把它们整理为"为什么要举行、怎样设计、如何延伸效果"三个问题并进行具体说明。

（1）为什么要举行"线上新生见面会"

网络是最容易消除人与人之间的陌生感的场域，它是一种天然屏障。没了直接面对面的拘谨，学生和教师都不用担心会被对方审视，所以更容易关注彼此给出的信息，也更容易专注于倾听对方的表达。

"线上新生见面会"至少有以下四点好处：

● 线上见面更安全

线上见面可省去许多的出行烦恼，消除学生往返家校的交通安全隐患，更安全。

● 隔屏"破冰"，消除新班级的陌生感

不管是开学报到，还是入学相处，师生总会见面的。学校事务多，开学第一天班主任往往忙于安排班级事务，真正能用于"破冰"的时间十分有限。线上见面会可以专用于班级"破冰"，消除陌生感，这样在学校见面时师生之间就不会有什么尴尬的感觉了，相关工作也会更容易开展。

● 参与面广，教师、学生、家长都可加入

线上活动不受场地限制，参与主体除了新生外，家长也可以参与其中，班主任还可以主动邀请其他任课教师，以团队形式出镜。大家在群里互动交流，集体感一下就出来了。

● 便捷、易操作，具有时代特色

这个优势很明显，只要确定好时间、线上平台，提前告知学生和家长即可。既省去了班主任家访的麻烦，也避免了不方便线下沟通的问题。如果学生或家长确实因客观原因无法参与互动，也可以选择在线收听，只要保持话筒静音即可。网络环境下的互动具有时代特色，学生感兴趣，家长省烦恼。

简单、易操作、互动性强、"破冰"效果好，这样的家访，难道不值得尝试吗？

（2）怎样设计"线上新生见面会"

策划和组织班级活动是班主任的基本功。但真实情况是，只要一

提到组织活动，班主任往往都唉声叹气，觉得无从下手。事实上，我们需要的只是一张可以帮助我们将思路捋顺的策划表。

我根据"线上""新生""见面会"这三个关键词设计了以下活动策划表（表1-6），供大家参考。

表1-6 "线上新生见面会"活动策划表

思考维度	涉及内容	注意事项
活动目的		
活动主题		
活动内容		
活动形式		
活动筹备		
活动资源		
活动后续		
活动提醒		

举例：

表1-6 "线上新生见面会"活动策划表

思考维度	涉及内容	注意事项
活动目的	初步熟悉，建立良好的师生关系 衔接指导，提高学生的入学适应性 为新学期做好准备	根据总时长安排各环节时间
活动主题	"你好，初中"或"遇见·新起点" （围绕活动目的设计主题）	可邀请任课教师参与主题策划

思考维度	涉及内容	注意事项
活动内容	班主任精彩亮相	控制时间 形式多样 注重互动性
	学生互动，自我介绍	
	班级"立班"仪式（有意思、有意义）	
	校本特色预告（课程、活动）	
	中小衔接微讲座	
	家校互动答疑	
	事务性工作布置	
活动形式	在线交互，视频录制，相册制作等	提前调试设备
活动筹备	确定平台、时间	部分内容可邀请任课教师、优秀毕业生一起筹备
	制作海报，提前发布	
	师生提前录制微视频（提出具体要求）	
	照片收集	
	衔接讲座内容编制	
	列出事务性工作清单	
活动资源	任课教师专业指导	提前摸底整合
	毕业生经验分享	
	家长互动	
活动后续	家长群保存记录，建立专门的文件夹	可视化呈现
	成果固化，用于班级文化建设（教室布置）	
活动提醒	其他需要提前告知学生和家长的内容	结合班主任情况

针对上述举例，我对设计的部分内容还有一些补充：

◎关于活动目的

线上见面会的意义在于完成新班预热，班主任不要将其当作班级正式会议，不要设置过多、过大的目标，只要通过丰富的环节"破冰"师生关系，做好衔接指导就可以了。

◎关于班主任精彩亮相

学生和家长都会非常期待班主任的亮相，所以班主任要精心准备。这次亮相不同于普通的自我介绍，班主任要突出自身的教师属性，力求介绍简洁、干脆、有力。内容上我建议采用"我是谁+我的教育经历+我和'你'的关联"组合形式。

有需要的班主任可以参考表1-7：

表1-7　班主任自我介绍表

我是谁		大家好，我是XXX老师，任教XX学科，联系电话是XXX。从今天起，我将和大家共同打造我们的班集体。（说明：不用强调你的班主任身份，因为如果你不是班主任，你根本不需要组织这场活动；使用"我将和大家共同打造我们的班集体"会一下子拉近你和学生的关系。）
我的教育经历	如果你是成熟教师	我在咱们学校教过X届毕业班，学生们的好学、上进、团结是我引以为傲的。（说明：突出毕业班带班经历能够使家长和学生对你更加信任，但切记经历不可捏造，毕竟诚实比经验丰富更重要。）
	如果你是新手教师	我是一名年轻教师，所以我更理解学生，也更有精力关注大家的成长，我会尽我所能成为大家学习上的良师、生活上的益友。（说明：不回避自己的"无经验"，但要突出"年轻"在教师职业中的优势，让家长放心，也让学生主动靠近你。）
我和"你"的关联		初中与小学有很大不同，学生会更独立、自主，也会更"叛逆"，所以初中需要大家更加自律。青春是美丽的，你们会更加理解"认真学习、精彩生活"这句话的意义。在今后的学习和生活中，如果大家遇到困难，可以向我求助。我和家长将会成为大家的助力师，带领咱们班乘风破浪、披荆斩棘，一起用行动拥抱更好的自己！（说明：没有人在意你有多么成功，除非你的成功和他们有关联。所以，能征服学生和家长的不是荣誉和头衔下的你，而是会帮助他们成长进步的教师。）

◎关于学生的自我介绍

可提前要求学生录制微视频（每人1分钟，出镜），这样班主任既可以看到学生（使你开学一见面就能叫出学生的名字），也可以突显学生的个人风格。内容上可采用"姓名+毕业学校+个人爱好+对未来的期待"的组合形式。

◎关于衔接指导

学段衔接指导既针对家长也针对学生，所以在内容维度和呈现方式上要进行差异化设计。教师可以从学科专业出发提出具体要求，优秀毕业生则可以通过现身说法的方式给出参考建议，指导的内容可聚焦在开学前的假期里新生和家长应该做什么和怎么做的问题上（详参表1-8）。

表1-8 学段衔接指导表

指导对象	指导者	指导内容
入学新生	任课教师	初小/初高衔接的学科特点、学科要求、学习难度和思维差异。
	优秀毕业生代表	自己在衔接阶段的学习状况，不适应的例子，调整的具体方法。
新生家长	任课教师	学生在学科学习上需要什么样的方法，具体有怎样的要求，指导家长在家庭教育中培养学生的习惯。
	优秀毕业生代表	在自己的成长中，自己的父母曾起到过怎样的作用，哪些方式有效，哪些是"毒鸡汤"，供家长参考。

◎关于事性工作的布置

事务性的工作主要指向为"开学第一面"做准备的内容，所以更多的是针对环境和材料两个方面的。班主任可在见面会的最后一个环节招募学生工作者，让学生主动参与到开学工作的准备中，做班级的主人。

如表1-9所示，便是一些常规的事务性工作。

表1-9 常规事务性工作表

卫生打扫	原班级毕业，新班级开班，教室一个暑假无人，学校校舍施工……一系列因素都会造成教室的卫生状况不佳。新生走进教室的第一印象很重要，甚至直接影响他们往后的言行举止。所以，卫生打扫一定要落实到位，要注意卫生死角、卫生工具摆放等细节问题。
教室布置	利用"线上新生见面会"生成的资源布置教室，让教室不再只是物理空间概念，更要成为承载学生成长记忆的精神场域。比如：我们可以打印每一位学生提交的个人生活照，配上简短的自我介绍，布置成温馨的照片墙；可以收集衔接指导环节中布置的特色作业，布置成学习角；可以张贴学生的"一句话自我期待"，布置成"成长树"……班级文化的初步样态就生成了。
材料准备	就教务处和学工处在报到日需要收缴的材料，列一个清单。如：一寸证件照、学籍卡、成长素质单等，让家长和学生对照清单做好准备。班主任也可以结合个人带班经验，列出班级内需要学生提供的材料清单，如《家长联系册》《学生写给教师的一封信》等。

希望上述策划表和补充内容能帮助大家统筹安排、发动身边力量设计出有意思且有意义的"线上新生见面会"。

（3）如何增强"线上新生见面会"的效果

"线上新生见面会"像是一个启动按钮，开启了新班级的旅程。

如果你想让见面会效果最优化，就免不了要对活动效果进行评估（主题适配性、参与度和仪式感等）。

● **主题适配性**

明确主题是活动开展成功的先决条件，会产生积极的首因效应。班主任可在活动后发起调查，让家长和学生参与填写，以此评估活动的主题是否突出，是否达到了策划预期的目的。

参考表1-10：

表1-10 "线上新生见面会"之我的感受

指导者	指导内容
你对本场"线上新生见面会"的总体感觉如何？	A. 很好 B. 不错 C. 一般
在本场活动中，你有哪些收获？	A. 认识了新同学和教师 B. 感受到了新集体的友爱 C. 了解了校本特色 D. 知道了衔接阶段该做什么 E. 其他（可自己描述）
你对哪个环节印象最深？	A. 互动介绍 B. 班级仪式 C. 校本特色 D. 衔接指导
你为什么会对这个环节产生深刻印象？	（主观性表达）
对我们的新班级，你还有什么建议？	（主观性表达）

填写问卷就是对活动复盘，用时不多却意义重大，可以让家长和学生对活动的意义进行思考，增强活动效果。

● **参与度**

参与度反映认同感。班主任要有意识地观察见面会上学生和家长的参与情况，对积极主动的个体进行记录，他们很有可能会成为"在班级内发挥积极作用的人"；对不太主动发言的个体也要进行关注，通过后期的接触判断是性格原因还是认同度的问题。

班主任可在群里小结：感谢大家的积极参与，通过本次线上见面会，我感受到了学生的主动，也感受到了家长对教育的关注。希望在接下来的三年时间里，我能用实际行动为学生的梦想添砖加瓦，大家一起加油，合作愉快！

活动参与度越高，活动效果往往越好，学生和家长通过交流与教师达成共识，从而缩短彼此的心理距离。学生会因此更乐于接受教师的指导，产生主人翁效应。

● 仪式感

仪式感之于教育有重要的意义，它可以促成学生成长关键事件的发生，从而实现学生的自我教育。

"线上新生见面会"的仪式感有利于学生适应新身份。这场仪式会使每一个人都强烈地意识到自己的身份已然有所转变。加入了新的班级，进入了新的阶段，有了新的身份，学生自然要有新的表现，承担新的责任。

"线上新生见面会"的仪式感有利于"定格"建班瞬间。因为这场仪式，我们的班级正式"剪彩"，以后每年的这一天都可以成为班级的"生日"，大家共聚线上话成长，回顾建班初心，盘点个人进步。

"线上新生见面会"的仪式感有助于学生未来的发展。这场仪式将美好的种子播进了每一个人的心田。成长之路必定困难重重，当我们遇到暂时解决不了的问题时，想一想建班之初自己对未来的展望，或许就能找到一种力量。

为什么要举行，怎样设计，如何增强效果？当我们把这三个问题梳理清楚了，见面会的开办方式、意义、成效也就明晰了。

　　"定制"教育契机，让班级"行"在起点。快来设计一场有校本特色、有班主任个人风格、符合学生身心发展规律的"线上新生见面会"，为开班预热吧！

本章小结

　　我一直认为，带班是一项高度情境化的工作，有太多的变量：学生、任课教师团队、家长、学校理念、区域资源。我们班主任需要从自身实际出发，灵活处理。

　　在本章中，我试图将自己在工作中思考问题的角度、设计活动的维度呈现出来，它们并不是一个个固定的模板，而是一个个可供教师自行填写、自由发挥的框架。

　　我希望通过这些表格，教师可以更具体地分析自己，展开设计，使自己的教学活动、班级管理有条不紊地开展。自信一点，试着静下心来好好审视自己，你会发现你本就是一个潜力无限的宝藏班主任。

第二章

用好工具，
让班级工作逻辑化

一. **必备表格，工作轻松上手**

1.全盘考虑，你需要的三套计划表

每次写计划都"头秃"？

写来写去"假大空"？

主观上被动？

客观上应付？

计划赶不上变化，原有的计划表都变成了再也不会打开的文档？

这是制订班主任工作计划时的你吗？

怎样才能既轻松又高效地制订班主任工作计划呢？

结合我的工作经验，想要做出一份相对完整、可操作性强的班主任工作计划，我们必须先明确工作计划的功能和价值。

班主任计划在实践中主要发挥了三大功能：

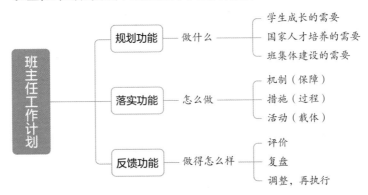

图2-1 班主任工作计划功能图

● 规划功能

一个成熟的计划，首先可以促进班主任思考新学期（甚至是一个学年）的建班育人工作。你可以从学生成长目标、国家人才培养目标、班集体建设目标三个方面思考：我想将学生培养成具有什么品质和特征的人，我通过哪些方法来达成自己的目标？以此解决"做什么"的问题。

● 落实功能

做计划不是纸上谈兵，一定要对具体工作进行拆解和分工。比如你规划建设班委团队，打造学生自治团体，那么就要有具体落实班委培养的实践路径，通过建立保障机制，设计相关活动来解决"怎么做"的问题。

● 反馈功能

计划是需要在变化中不断调整的。班主任要通过设置评估反馈环节来对计划进行阶段性调整，让计划更具实操性，从而明白"做得怎么样"，解决"做到什么程度"的问题。

基于上述需求，我设计了三类表格供大家参考。

（1）规划功能类

表2-1　班级工作大事表

班级管理理念	
班级发展目标	

上学期主要存在的问题及问题分析	主要问题： 问题分析：
基于目标和问题，计划开展的重点工作	
每月大事件	
可能遇到的问题和需要学校、年级组提供的帮助	

【使用说明】

表2-1的设计主要基于以下三点考虑：

◎符合规律

理念指引行动，目标决定策略，问题指向反推方法。班主任使用的工作表格既要符合教育教学规律，又要具有班主任工作的特性，与班级管理工作相结合。

◎突出个性

班主任的个人带班风格、经验都会在表格中体现，只有符合个人风格的带班策略才会易上手、好操作。

◎网状关联

表格各项的设置具有一定的系统性，其中既有宏观理念，又有具体措施；既有问题预设，又有帮助需求。

表2-2　主题班会设计表

周次：		主持人：
班会主题：		
班会目的：		班会物资准备：
班会流程：		
班主任总结发言：		
反思：		

【使用说明】

根据学校的重点活动确定大致的班会主题，列在表2-2中。如运动会、春/秋游、期中/期末考试等。这些活动的开展周次基本是确定的，活动前一周的班会课我们就可以用来重点做活动策划、彩排、诚信教育、复习迎考等。这样就能把班级计划与学校计划结合在一起了。

（2）落实功能类

表2-3　班级岗位责任表

班级概况								
学生总数	性别情况		队员、团员情况		上学方式统计			
	女	男	队员	团员	骑车	步行	乘私家车	乘公交/地铁

班委会组织			课代表		
职务	姓名	岗位要求	学科	姓名	岗位要求

值日班长			团、队组织		
星期	姓名	岗位要求	职务	姓名	岗位要求

班级特色岗位设置		
岗位	姓名	岗位要求
绿植守护者		
门窗管理员		

表2-4　班级活动方案策划表

活动名称：	活动时间：
活动主题：	
活动目的：	活动准备：

活动流程：			
活动分工			
具体任务	负责人	时间节点	注意事项
活动总结：			

表2-5 班干部培训记录表

时间：	地点：	主讲人：
内容要点记录：		
我的培训收获：		

【使用说明】

计划的落实依赖于全班的参与，因此在制订计划时便要做到"人人有事做，事事有人做"。班主任一定要活用表2-3、表2-4、表

2-5，对班级事务进行交叉设岗，明确什么人在什么岗位上做什么达到什么要求，使每一个学生都参与其中、乐在其中，使每一个班级活动都有条理、有规则，使每一位班干部都有成长、有收获。

岗位要求可以请相关岗位的学生填写，让他们根据自己的工作性质给自己提出要求，而后经全班讨论"拍板"，也可由班主任先拟定初稿，学生讨论后形成定稿。

根据年级的不同，岗位要求也需要在原有的基础上根据班级发展目标不断完善。

（3）反馈功能类

表2-6　班级工作议事表

时间：	地点：	议事主持人：
参加人员：		
内容要点记录：		
我的与会收获：		
议事结果：		
备注：		

表2-7 家校合作互动表

家长通讯录		
学生姓名	联系方式1	联系方式2

家长问题征询单		
家长姓名：	与学生关系：	学生姓名：

问题描述（学生的问题、家长的困惑等，具体描述）：

针对上述情况，家长已经做了哪些事情：

希望得到班主任怎样的帮助：

表现优秀表扬单

亲爱的＿＿＿＿＿＿＿＿同学家长：

　　您好！

　　您的孩子近期在＿＿＿＿＿＿＿＿＿＿方面进步明显/表现突出，特让其带回这份表扬单，与您分享这份喜悦。

　　感谢您的合作，希望在我们的共同关注下，孩子能继续进步。

班主任：

时间：

【使用说明】

这两份反馈表，表2-6用于促进班级问题的改进，表2-7用于加大家校合作的力度。

表2-6有利于打造民主管理型的班级，使学生于问题中探究，于探究中进步；表2-7既有对问题的关注，又有表扬环节，有利于形成家校合力，更好地帮助学生成长。

在这三类表格中，选择你需要的表格灵活运用，做好新学期的工作计划，让班级管理条理化、系统化。

2.自主管理，学生需要的行为规范表

小调查：

在日常带班过程中，你是否相信学生具有自主管理的能力？

A. 相信

B. 不太相信

让我们来对这两个选项进行剖析。

如果你选A。

相信学生拥有自主管理的能力，你就会在带班的过程中尽可能"放手"。你会遇到的困扰是：很多时候学生的自主管理能力并没有你想象的强，他们对许多诱惑难以抵挡，对许多问题束手无策，所以班级内部总是风波不断，但学生会在试错中慢慢得到成长，班级问题也会慢慢变少。

如果你选B。

不太相信，你就会采取"盯人战术"，化身"容嬷嬷"。你同样会遇到困扰：大量的时间和精力被白白消耗，而你稍不留意，班级问题就会井喷式出现；"盯人战术"会让你长期处于紧张的工作状态中，压力过大，很容易产生倦怠感。

比较之下，"性价比"更高的是选择信任。

其实教育就是一个选择信任的过程，只有当你相信学生时，我们所期待的效果才会慢慢出现。但我们也要弄清楚，学生的自主管理绝不是简单的自己管自己、学生管学生。要实现学生的自主管理，教师就需要提前给学生制定具体的行为标准。

就班主任的日常管理工作而言，卫生值日安排工作绝对是不容忽

视的。也正因如此，值日班长制和卫生包干制成了班级常规管理中最为重要的两大机制。我通过细化每一个条目中的学生行为拟定出以下细化表、成长单，希望能够对各位班主任有所帮助。

（1）细化表

表2-8　值日班长记录表

日期：　　　　星期：　　　　　　值日班长：				
激励语（鼓励学生原创）： 　　　　　　　　（原创学生姓名）				
一日常规		值日班长/教师评价	表扬名单或良好情况记录	提醒名单
清晨三件事	作业有序	很好 / 较好 / 待改进		
	地面保洁	很好 / 较好 / 待改进		
	自主晨读	很好 / 较好 / 待改进		
大课间情况	队列行进	快静齐 / 待改进		
课堂学习	课程1			
	课程2			
	课程3			
	课程4			
午餐、午休		轻声 / 有序 / 待改进		
课堂学习	课程5			
	课程6			
	课程7			
	课程8			

课后延时/晚自习情况	考勤			
	纪律			
	作业完成情况			
	自主答疑			
今日"故事汇"				
其他补充				

【使用说明】

值日班长通常是班级一日常规管理的直接负责人。大多数班级采取轮岗制（学生轮着当或固定周几是哪位值日班长管理），这就很容易造成管理标准的不统一。

各位班主任在使用表2-8时，一定要结合学校一日常规的要求，将其融入到该记录表中，灵活运用，同时，大家也要将对学生的希望通过评价呈现出来。

例如，我在表格中"评价"一栏给出的选择，看似是让值日班长进行评价，实则是对全体学生行为的积极引导。

给出标准，表达期待，学生才更容易调控自己的言行。

"故事汇"栏目则是为了引导值日班长做有心人，勿以善小而不"记"，要用发现真、善、美的眼睛，记录下班级当天的好故事，并通过自己的表达传播班级的正能量。

表2-9 卫生值日表

项目	地面	讲台黑板	课桌抽屉	门窗	墙壁	洁具间	走廊栏杆	其他
卫生要求	无水渍，无纸屑，无污迹。 （重点关注两侧墙体边角，建议把桌子搬开清扫）	讲台桌面洁净，无灰尘，无污迹；教具摆放有序；抽屉内物品摆放整齐；黑板整体清洁。 （重点关注黑板槽和顶部）	课桌椅排整齐，桌面清洁；抽屉内无纸屑或杂物溢出。 （重点关注书包柜、抽屉内部的整齐度）	门框、窗框、窗台干净，无水渍。 （重点关注窗槽和窗台扶手区域）	天花板、宣传栏、墙壁、墙围、墙角等无蜘蛛网，无灰尘污迹，无脚印。 （重点关注黑板下方和两侧墙壁）	洁具间洁净，拖把、抹布、扫帚等卫生工具摆放整齐；水桶中的废水倒净。 （重点关注水槽和物品摆放）	教室门前的走廊、花架下方、栏杆扶手、流动书架、宣传栏板等清洁到位。 （重点关注地缝处）	空调、电脑屏幕、电灯、开关面板无积灰。 （重点关注细节，开启"发现之眼"）

卫生小组：　　　　　　　第（　）周　　组长：

具体分工	项目	值日生	签到	组长评价	备注
	扫地第1、2、3组+室外走廊			认真 / 较认真 / 需要重做	每天12：40前打扫完毕； 每天下午放学进行保洁。
	扫地第4、5、6组+前后地面			认真 / 较认真 / 需要重做	
	拖地（室内外）			认真 / 较认真 / 需要重做	
	讲台，黑板（包括桌面和抽屉）			认真 / 较认真 / 需要重做	

项目		值日生	签到	组长评价	劳动委员签字:
具体分工	书包柜及柜内整理			认真 / 较认真 / 需要重做	
	图书角			认真 / 较认真 / 需要重做	
	课桌椅排整齐			认真 / 较认真 / 需要重做	
	前后门窗（特别是窗槽）			认真 / 较认真 / 需要重做	
	垃圾倾倒及洁具间保洁			认真 / 较认真 / 需要重做	

【使用说明】

每个班级都有"卫生值日表"，但是卫生打扫的情况实在不那么理想。所以，我建议大家参照表2-9把卫生打扫的标准细化，方便对照。

对卫生细节的要求要用"重点关注"标明，并带着学生实地考察，让学生通过看和做充分理解标准的具体含义。

在卫生打扫这件事上，学生不是做不到，只是真的想不到。大多数学生很少参与家务劳动，对卫生死角更是缺乏关注，卫生打扫标准的细化不仅有利于学生保持教室整洁，更有利于培养学生的劳动意识，意义深远。

（2）成长单

落实了上述细化表之后，班级的自主管理资料就丰富起来了。

每周末对当周的情况进行汇总，便可以形成班级的成长记录，我把它称为"幸福果园成长单"，具体分为三个版块："我们的骄傲""我们的日子""我们的反思"。

"我们的骄傲"版块主要记录班集体这一周取得的进步，比如：获得了当周的流动红旗，在艺术节或文体活动中取得了好成绩。同时该版块也记录学生个体或科任教师所获荣誉，比如：某同学获得了科技竞赛的奖项，某教师的论文在区、市级评比中获奖。这些都是班集体的重要记忆，值得被记录下来。

　　"我们的日子"版块由每天的值日班长负责整理。值日班长需要对当天班级内部的好人好事好行为进行记录和表扬，比如：卫生打扫认真、上课积极发言、作业书写工整、拾金不昧、积极参与黑板报制作等。

　　"我们的反思"版块分为三个方面：班主任评价、学生评价和家长评价。作为班主任，我会对本周班级的情况进行小结，把想说的话，希望学生改进的地方通过文字表达出来，以期学生不断进步；学生则从在校、在家等方面对自己一周的情况进行小结和评价，内容需要细化到劳动、锻炼、学习等方面，避免学生从单一的学习视角对自身进行评价；家长评价方面则强调客观性和指导性，鼓励家长全面参与孩子的成长，多设路标，少设路障，发挥家庭教育的作用。

　　评价版块的设计比较灵活，一般每半个月会加设学生互评版块，发挥同伴效应；每月月底进行一次科任教师点评，邀请科任教师参与班级学生的综合素质评价，让更多与学生成长息息相关的人参与其中。

　　成长单的最后是学生签名、家长签名、班主任签名处。三方的签名赋予了成长单神圣的意义。

　　每周一张成长单，一个学期就是一小册，三年就是六册，它们是学生生活的记录，是学生本人、家长、教师共同见证学生成长的记录。

　　以下是我所带班级的成长单，我附在此处，以供参考：

幸福果园成长单 （第6周）

【班级动态】我们的骄傲：

1）本月我班连续3周获得了卫生流动红旗，这与同学们认真的打扫，组长们负责的检查是分不开的。谢谢大家的努力！

2）生物老师在我班开设一节区级公开课，同学们表现积极，配合度高，真棒！

3）解文钰同学通过层层选拔，在年级推优竞选中脱颖而出，被我校推荐为年度"建邺区优秀少先队员"，祝贺她！

4）蒋炎哲、陶浩然同学获得"幸福果园风云人物"称号，鲁一凡同学获得"明日之星"称号。

【班级日常】我们的日子

3月24日　　　　星期一　　　　夏欣杰

好的开始是成功的一半，新的一周，新的一天，总有许多的新事、好事在发生。上午的语文课，同学们安静的默写中都藏着自己对未来的信心。做眼保健操时，同学们做得特别认真，尤其是蒋炎哲、曹宇辰、季新格、董芷诺、祁琪、徐歆婷等同学，在此对他们提出表扬。

3月25日　　　　星期二　　　　祁琪

我是周二的值日班长，首先我非常感谢同学们对我的帮助和支持。今天有不少好人好事值得表扬：尤航同学中午主动帮助曾维诚同学（受伤）清洁黑板，保持了教室黑板的卫生；鲁一凡同学捡到一个钱包，交到了学工处；于天泓同学积极承担了下期班会的主持工作；张楚涵同学带来了自己的新画，装点了教室。

3月26日　　　　星期三　　　　石嘉璇

今天我想表扬卫生小组成员，他们的效率高、工作效果好，小组成员在组长的带领下保质保量地完成了卫生打扫任务。他们是：刘宁（组长），夏欣杰、乙鸿剑、季新格、董芷诺、徐歆婷、朱梦雨、郝蓉蓉（组员）。

3月27日　　　　星期四　　　　曹宇辰

有这样几位同学，他们自发地组成了"手绢花"小队，主动向校团委提出想通过才艺展示为青年奥林匹克运动会做宣传。他们利用课余时间学习有关知识，努力进取。他们是：朱梦雨、夏欣杰、刘心如、吴沛榆。今天的卫生小组也十分"给力"，早读第一遍铃声开始前就已经全部完工。他们是：石嘉璇（组长），张雨馨、刘心如、韩武龙、蒋炎哲、蔡文雅（组员）。

【班主任感言】

只要坚守自己心中的信念，有约束、有追求，每个人都可以不断超越自己。

【班级遗憾】

1）本周还有一位同学获得了"幸福果园风云人物"的提名，却因为其他错误，最终与该奖失之交臂。

2）周四的时候有一名女生和一名男生发生了矛盾，彼此间的友谊受到了影响。

3）部分同学中午不能好好午休，导致下午犯困，影响了自己的听课效果。

【家校互动】我们的反思

沈老师想说：

1）我认真阅读了上周每位家长在联系单上反馈的情况，感动于很多家长对自己孩子的肯定、鼓励、期待，当然也有反复叮咛。我真心希望这份来自家、校、生三方的爱能够传进我们班四十二位同学的心中。

2）关于表现：

我们班的女生，真的非常优秀。你们内秀、有才艺、懂事。沈老师希望你们能够不断提升自己，多阅读好书，多亲近自然，多参加运动，这对你们的身心发展有极大的好处，也是你们提升内在气质的途径。

我们班的男生，真的很棒。你们有想法、爱思考、敢实践。沈老师希望你们能尝试独立而非依赖父母，多去思考"责任""担当""目标""自律"这些词汇到底意味着什么，这对你们以后的发展是极为重要的。

3）友情提醒：由于清明节放假，下周一休息，4月8日正常上课。小长假记得出去踏青哦！

学生自评：

亲爱的同学们，对自己一周在各方面的表现做一个梳理并给出客观的评价吧！

①上周联系单上我列出的"下周计划"，完成得如何？＿＿＿＿＿＿

②本周我在学习方面＿＿＿＿＿＿＿＿＿＿＿＿＿＿＿＿＿＿＿＿＿

③本周我在与同学相处方面＿＿＿＿＿＿＿＿＿＿＿＿＿＿＿＿＿

④本周我在体育锻炼方面＿＿＿＿＿＿＿＿＿＿＿＿＿＿＿＿＿＿＿

⑤本周我在和家人相处方面＿＿＿＿＿＿＿＿＿＿＿＿＿＿＿＿＿

⑥下周我的计划是：＿＿＿＿＿＿＿＿＿＿＿＿＿＿＿＿＿＿＿＿＿

⑦爸爸、妈妈、老师，我想说：＿＿＿＿＿＿＿＿＿＿＿＿＿＿＿

家长留言栏：

尊敬的家长朋友，本周孩子有什么值得表扬的地方吗？请写下来吧；有什么想对孩子提却又不好意思开口的建议和期待吗？请写下来吧。

学生签字：　　　　　　**家长签字：**　　　　　　**班主任签字：**

有了这些细化表与成长单，我们便可以将自己对学生的期望完整地表达出来，使他们受到有益影响。

学生在具体的指导与示范下，不断树立行为规范；在自主管理的过程中，实现从他律到自律的目标。

3.岗位责任，班委需要的工作培养表

什么样的学生适合当班委？

采取怎样的方式选举产生班委最合适？

班委上任后，如何有效发挥带头作用？

班委的选拔与培养是一个复杂的过程。班委团队的工作成果直接影响着班主任工作。不管班主任自身有多厉害，都需要重视学生榜样的力量。

为了帮助大家解决这一问题，我设计了两张工作培养表。

表2-10 班委申请意向表

姓 名		意向岗位1		意向岗位2	
你曾经是否担任过班委？如担任过，请简述你的经历。					
你希望我们班是一个怎样的班集体？					
为了实现这样的班集体目标，你会做什么？					
你认为班委工作的意义是什么？					

申请情况概述	你认为什么是班委必须具备的品质？请用一个词描述并解释原因。	
	请你举例说明，为什么你觉得自己可以胜任你所申报的岗位。	
	如果竞选成功，那么你的工作计划是什么？	
	如果申请失败，你会如何面对？	

【使用说明】

表 2-10 从主观与客观两个方面考察了一个学生竞选班委的能力条件。客观上，是否有过相关的班委工作经验对申请的岗位具有一定的参考价值。主观上，表格中的问题考察了一个学生对班委的工作责任、工作内容、工作方法的理解，这些是评估申请人是否合适的重要依据。

表2-11　班委工作计划与执行表

姓名：	岗位：
我的岗位职责	
我的岗位目标	

我计划做什么、怎么做	
我需要老师给我的工作提供怎样的指导	
我的完成度	结果/效果： 原因分析：

【使用说明】

因为班委自身也是孩子，所以他们更多是完成教师布置的任务，甚至是教师怎么说，班委就怎么做。至于为什么要这么做，有没有更好的方法来做，做的过程中出现了哪些问题，他们并不在意，也考虑不到。

为了培养班委，让他们不只是被动完成任务，而是真的主动参与管理、运用智慧开展工作，在班委岗位上得到能力的提升和思维的锻炼，班主任需要为班委搭建工作框架。

表2-11将班委的岗位责任、工作计划与工作反思整合在了一起，并不需要班委写很多内容，以免使他们感到为难，产生反感。我们只需要在班委填写前和填写后认真指导，倾听他们的表达并帮他们做出可行性评估，支持他们放手去做即可。

二、 流程清单，优化教育细节

1.十个细节，避免开学报到乱糟糟

报到前一晚，

精心挑选衣服，

对着镜子练习微笑，

"彩排"自己面对学生时要说的话。

你希望开学报到是一个全新的开始！

然而，报到当天，

教室里乱成一团，

学生手舞足蹈、大声谈笑，

新书散落在讲台和地上，

卫生工具东倒西歪，

你满身是汗，忙到连水都顾不上喝。

放学后，你瘫坐在办公室，不由得有些失望。

停止！

拒绝报到乱糟糟！

新学期的教育契机藏在报到时的十个细节里。

开学报到日，一系列事务性工作来袭，班主任要变身策划师、设计者、执行人，要在多种角色间来回切换，想要做到有条理且举止优雅是非常难的！

小调查：

你最反感报到时的哪种情况？

1）在走廊上听到自己班学生吵闹的声音，学生说笑得越高兴，你越来气；

2）满地纸屑、桌椅摆放凌乱，学生完全不在意；

3）你站在讲台上说重要的事情，底下的学生做什么的都有；

4）收取假期作业时，发现这个没带全，那个没写完，名单登记了几页纸；

5）书本发完后，你问了很多遍有没有人少书都无人回答，放学后却有学生拉住你说书不全；

6）人去屋空，放学后教室门、窗、灯没人关闭，卫生没人打扫；

7）班委完全不参与班级管理，你从头忙到尾，感觉是一个人在战斗；

8）拿起手机，你看到学校群里未读信息一堆，但群成员仍在刷屏。

乱，是本象；不乱，是本事。怎样使开学报到井然有序，为新学期打造良好的开端呢？让我们聚焦"报到的功能"去寻找答案。

同是报到，学生和教师的主体需求不同，所以做法和感受就会不同。如果能在学生和教师的需求间找到一种平衡，报到就会让彼此都感觉良好，否则很容易出问题。

以下工作思考清单（表2-12），从学生和教师两个角度来考虑报到，可帮助你解决做什么、怎么做的问题。

表2-12　新学期报到工作思考清单

主体	学生	教师
事项		
需求		
对策		

举例：

表2-12　新学期报到工作思考清单

主体	学生		教师	
事项	进入教室	发放新书	进入教室	发放新书
需求	好久不见，想聊天，图热闹	好奇心强，想翻看新书内容	学生人数多，希望保持安静	有序，确保学生书本齐全
对策	◎营造浓厚的新学期氛围（黑板欢迎词，PPT背景板）；◎在墙上展示本班学生作品（寒暑假作业）；◎设置交流讨论环节。	◎培养责任感：谁领书、谁发书，确保人责对应；◎发书一旦开始，停止说话，不准交头接耳，各自整理书本。	◎提前候场，在教室内播放轻音乐；◎提前布置讲台，营造氛围；◎打扫教室卫生，将桌椅摆放整齐。	◎按照学校图书馆配发的书单，将书名逐一写在黑板上，供学生核对；◎引导学生将书本按大小和厚度进行分类摆放。

　　表格帮助我们理清思路，下面我用文字将报到前后一定要做的十

件事列出来，并告诉大家该怎么做和为什么要这样做，帮助大家顺利攻克报到难关。

（1）提前布置教室

你可以在学生群里发布"招募令"，邀请3~5名学生代表在报到前一天（或前半天）到班布置教室。

布置的内容主要有三个方面：

1）卫生的初步打扫，桌椅擦拭；

2）黑板欢迎词设计或电脑屏幕PPT欢迎页面制作；

3）室内外墙体布置等。

意义：

干净的教室、简洁的布置是欢迎学生"回家"的最好礼物。这就像是在告诉学生，这样干净美观的教室，不仅要出现在"起点"，更应该在整个学期中好好保持，这需要学生的共同努力。

（2）报到时逐一点名

点名，是班主任最容易忽视的环节，有些教师可能觉得没必要，但点名的价值可不小！

点名有两个作用：

1）规范工作流程。开学之初，班级总人数可能会有变化。班主任点名，清点班级人数，如有未到的学生应及时联系家长了解情况，上报教务处，使学校第一时间掌握报到情况，反馈给区教育局。

2）激发学生主体意识。点名时，班主任首先要让学生安静下来，再按学号逐一大声地念出学生的姓名。学生响亮地回答"到"，这会使学生认清自己的角色，明白新学期意味着新的开始。

意义：

点名意味着"一个都不能少"，意味着"每一个学生都是独特的个体"，意味着"教师对每一个学生的关注"，意味着"每个学生都需要承担起自己的责任"。这是一场师生间的心灵对话，内涵深刻。

（3）精心设计师生"破冰"活动

一个长假未见，师生都有很多话想要说。设计好话题，可以谈假期、谈目标、谈变化；确定好形式，可以进行小调查、小汇报、小采访；营造好氛围，用符合学生年龄特点的方式，给学生提供交流和表达的机会，避免班主任一味地说教和提要求。

意义：

师生关系对学生的成长影响重大。用有趣的方式和真诚的问答来拉近师生关系，有助于学生从长假中提取成长养料，获得学习主动性。

（4）有序发放新书

发放书本往往是最容易造成班级秩序混乱的环节。它不仅考验着班主任的组织管理能力，更考验着学生的协调、分配、归整能力。

有序发放新书的诀窍：

1）谁领来的谁负责。确保一种书只经一个学生之手，即"从图书馆领—教室分发—登记是否有缺漏"都只由一个学生操作，以保证责任到人。

2）工具配齐，流程熟悉。准备好剪刀、垃圾篓、粉笔，这些必要工具。

流程：学生将自己负责分发的书的书名写在黑板上（便于稍后核对），剪开捆扎书本的包装绳，将绳子缠绕好放进垃圾篓，按座位顺序逐一发放书本，发完最后一本时询问同学们有无缺漏，有缺漏的话就将缺漏的数量写在黑板上（对应的书名后），让同学们检查拿到的书是否有破损，因破损需要更换的数量也要列在黑板上。

3）归整书本，清扫现场。书本发放完毕后，班主任必须带领学生归整书本，按学科顺序摆放，或者按由小到大、由薄到厚的顺序摆放。学生要负责自己座位区域的卫生打扫工作，值日生或班委负责教室公共区域的卫生打扫工作，特别要留意垃圾袋是否破损。只要大家行动起来，2分钟就能完成现场清扫，使教室干净整洁。

意义：

分发书本是教学管理中最细节的工作。学生能从中看出教师的职业能力和素养。有序分发，规整书本，能让师生身心愉悦，学生的秩序意识也将得到强化。

（5）领用卫生工具

领用卫生工具也是报到时班主任需要负责组织的常规工作，其间隐藏着教育契机。

首先是对卫生工具的正确使用。如果仔细观察，你就会发现有的学生不会使用扫帚，特别是往簸箕里扫的时候，总是扫漏一些垃圾；有的学生不会清理拖把，总是把水池堵住。这是因为他们在家里很少劳动。这时，班主任就要给学生做出示范，使学生掌握不同卫生工具的使用方法，使其会劳动、爱劳动。

其次是对卫生工具的保管。有的班级卫生工具保管得非常好，一个学期下来基本没有损坏，而有的班级开学不到一个月扫帚头就断掉了。班主任要对工具的使用与保管提出要求，对恶意损坏卫生工具的行为提出批评，并建立相应的赔偿机制。摆放卫生工具的角落或洁具间需要有专人负责，保洁的要求要具体、可评价。

意义：

通过卫生工具的领取、使用与保管，开展劳动教育，带领学生在劳动过程中学习劳动技巧、提升劳动意识。

（6）收取长假作业

对于班主任来说，新学期最麻烦的工作大概就是收取学生的假期作业了。科目多、形式多，能一次带全且经得起检查的学生却不多。

因为没有完成作业而不敢到校报到的学生不在少数，有的还只是心里不敢，有的却因此而真的不来。我们必须告诉学生，没有按时完成作业也得按时参加报到。

有的教师为此暴跳如雷，惩罚学生抄写很多遍课文，可是罚得过来吗？新学期即将开始，此时如此惩罚，那新的学习任务和每日作业学生怎么完成呢？所以我们即便是要惩罚学生，方式也要灵活一些，比如，惩罚学生负责在新学期学习小组中完成信息汇总、整理讨论思路的工作。

面对长假作业，我们要坚持一个底线：没做完的作业要限期补完。根据未完成的作业量，给其3~7天的补写时间。既给学生留足了面子，也给了其弥补的机会。

意义：

教师在收取假期作业时的做法直接反映了我们的学生观和教育

观。如果想顺利完成作业收取工作，我们就应该在长假中与家长保持联系，不让学生因无人监管而荒废作业。在假期结束前一周，我们可以提醒家长检查学生的作业完成情况，以便学生及时补写。报到时，我们必须让学生明白一个道理：自己的责任必须自己承担，不要逃避（也无法逃避），有什么做得不足的地方，要想办法弥补。

（7）微调班级常规

除了一些具体的事务性工作，开学报到时，心理层面的工作也少不了，"收心教育"就是其中的一项。有的教师过于"紧绷"，把"收心教育"弄成了思想教育、打预防针教育、杀鸡儆猴式教育；有的教师则过于放松，把"收心教育"弄成了白日梦教育、空想教育。

过紧或过松的班级"收心教育"都不适合在开学报到日开展。因为在报到日这个特殊的时间节点，学生的身心状态和心理需求都是很独特的。

最有效的方式是将"收心教育"的目标转化为具体的要求、切实的行动。针对上学期出现的问题，在报到时做出调整，比如微调座位、调整学习小组成员搭配；针对上学期表现好的地方，提出进一步的发展预案，比如升级值日班长制、值日生制、班级表彰制度；针对班委团队进行培训，比如班委、课代表、组长等，明确要求，让学生一报到就"上岗工作"。

意义：

避免"刻意收心"的最有效的方法是通过分配具体的工作来提高学生的参与度，提升效能感。教师与其一个人不停地说，不如创造条件让学生一起来做。在做中学，使其在做中温习各项班级制度，在做中调整自己的身心状态，从而优化行为表现。

（8）组织学生参加开学典礼

开学典礼是学校为学生准备的精神大餐，也是学生以班级为单位在全校师生面前的第一次亮相，十分重要。

组织学生参加开学典礼，班主任需要注意三个方面：

1）入场快、静、齐，这是列队的要求；

2）精神饱满，昂首挺胸，这是参会的要求；

3）适时地鼓掌，这是活动的要求。

意义：

以集体的形式，用集体的方式将班级目标、行动力和凝聚力表现出来，可大大增强学生的班级荣誉感，同时也有利于他们对"优秀班集体"形成更加深刻的理解。

（9）离校前大扫除

报到工作结束后，学生需要对班级教室进行一次大扫除。这是全体学生参与班级管理的机会，班主任要重视起来。

大扫除前，可让学生自由发言，找出班级卫生死角和需要注意的地方；大扫除后，可以让学生谈感受——谈劳动的感受，谈坐在整洁的教室里的感受，谈打扫中个人发现的问题。比如，我们班学生发现窗户玻璃因长期未擦，出现了很多很难清理干净的污点，提议购入玻璃清洗剂。这就给学生提供了发现问题、探索问题、解决问题的好机会。

意义：

学生对班级的爱首先应体现在对教室环境的爱护上。一间脏乱的教室很难使学生产生班级荣誉感。教室整洁，学生才会感到惬意，才能学会珍惜，学会感恩。

（10）报到结束后和家长进行一次互动

报到结束，学生离校，但班主任的工作还未结束。

新学期不仅是学生的新起点，也是家长的新征程。孩子报到表现如何，有什么积极的行为；教师对孩子说了什么，有怎样的期待；新学期家长需要做些什么，可能会遇到哪些问题……家长也有很多想知道的答案。

因此，在报到结束后，班主任可以在家长群里做一次家校互动，将报到的情况与家长分享。晒照片，分享视频，发文字消息表达感受或提出新学期的要求等，都有助于家长尽早找到开学状态，创造良好的开端。

意义：

家校互动应该巧抓关键时间点。新学期开学，家长对孩子的成长充满期待，此时若能得到教师的指导和反馈，家长会十分开心，配合度也会更高。因此，班主任要抓住这个机会，积极促进家校合作。

小细节，大机会。将报到时的事务性工作转化为新学期的一个又一个教育契机，可让学生在潜移默化中恢复学习状态。

2. 两分钟、五个步骤，帮助学生快速进入状态

无细节，不带班。不管你的班规制订得多么完善，学生还是会在不同的时间或场合出现不同的问题。课前准备阶段就是一个问题多发时段。有的课，教师严厉，注重细节，学生的课前准备就很到位；有的课，教师没有强调，学生就无所谓，上课铃响后还吵吵嚷嚷的。

因为工作多，所以很多班主任都会忽视对学生课前准备习惯的培养。但是，如果学生在多门课上都不做课前准备，班级的学风便难以形成。所以，我们应该重视对学生课前准备习惯的培养，把它纳入必做工作清单。

那么，我们该如何着手培养学生的课前准备习惯呢？我们首先需要思考课前准备的目标是什么。

通过课前准备，我们至少需要达成这两个目标：

1）做好材料准备（包括课本、学具、资料），上课时不必再浪费时间翻找，可专心听课、专心学习；

2）做好心理准备，有了40~45分钟集中注意力学习的打算，不再心烦意乱。

明确了课前准备的目标，我们再来探究具体的实施方法。总结多年教学实践经验，以下五个步骤可以在1~2分钟内帮助学生做好准备并进入状态。

第一步：教师提前1~2分钟进入教室候课。

教师可以利用课间和学生进行简短的交流。提前进入教室，既有利于维持师生关系，增进感情；又有利于调控课间节奏，营造安静的课间环境；同时，教师还可以利用这个时间做好PPT的放映或板书的

准备工作。

第二步：在打响预备铃之后，教师便停止与学生交谈，站在讲台处，用目光扫视全班。

一般情况下，当学生看到教师这样之后，都会开始调整自己的状态，自觉做好课前准备。在班级闹哄哄的情况下，教师切不可拍着讲桌大喊："回到座位上去！要上课了！"因为越是这么喊，课堂环境越嘈杂，学生们越会"浑水摸鱼"。

第三步：预备铃结束后，由课代表组织读书。

这是我个人用过无数次的方法，效果十分显著。

我授权了课代表，只要预备铃响后，不管我是否在教室，都由他来组织朗读。

齐读一篇课文，就能够把学生带入学习的情境中，引发学生的思考。教师也可以和学生一起朗读，做好"开嗓"的准备，效果不错！

如果是理科教师，我觉得你可以安排学生做1~2道题，这样也能很好地引导学生安静下来并进行思考。

第四步：适度点评 + 提醒学生做好课前准备。

不管是在朗读之后还是在做题之后，教师都可以根据学生的表现（投入程度、准确性等）进行点评。点评结束之后，提醒学生检查课上所需要用到的课本、资料、讲义是否准备到位。

这样的小步骤用时非常短，大概只要花费1~2分钟，从预备铃到正式铃响之间的时间就可以用来实施，不会浪费上课的时间。

第五步：通过"起立—问好"的课堂礼仪，启动这节课。

课堂是需要仪式感的，"起立—问好"的小步骤能给予学生一种"要开始上课了"的感觉，帮助学生做好心理准备。

怎么样，以上五个步骤是不是很简单呢？

其实，学生行为习惯的养成原本就没有多难，但一定会经历一个反复的过程。

一开始，班主任会辛苦一点，可能每一节课都需要提点学生、训练学生，需要和任课教师配合联手监督学生，但只要我们坚持两周左右，学生就基本上养成了习惯，这时班主任的工作也就轻松多了。

有时候我还会故意在打铃之后，在教室外或者是后门徘徊，等课代表组织好朗读以后，我再进入教室，结果发现学生依然做得很好，没有丝毫懈怠。

当然了，我也会不时地对学生做得好的方面进行表扬，以此强化他们的行为，使他们养成良好的习惯。

本章小结

不要沉溺于零碎的事务性工作，因为那样会消磨我们对班主任工作的热情。将事务性工作变得有条理、有步骤，不仅能够提高你的工作积极性，而且还能让你工作得更轻松、更高效。

学会借用表格，实现人人有事做，事事有人做。在进行任务分解时，一定要明确怎么做，做到什么程度，把标准和规范呈现给学生，提高育人价值。

要学会使用流程清单，梳理出工作的主线。这样就不用担心自己会手忙脚乱了。总之，让班主任工作逻辑化，你也能轻松成为宝藏班主任。

第三章

建立关系，提升班级教育温度

1.我愿成为学生的榜样

师生关系是指教师和学生在教育教学活动中为完成一定的教育任务，以"教"和"学"为形式而形成的一种特殊的社会关系。

良好的师生关系有助于教育教学取得好的效果，班主任在和谐的关系中指导学生发展，带领学生进步。现代教育观念倡导亦师亦友的师生关系，其目的是以良好的关系促进学生和教师的共同成长。

教育，制造了无数美好的相遇。师生相遇，彼此关照，相互成全，共同成长。师生关系和谐了，一切就都好了。

学生是在教育教学关系中，在家长和教师的共同指导下，不断进步的。这个过程，有情绪（喜、怒、哀、乐），有场景，有记忆。学高为师，身正为范，我愿用行动让自己成为学生的榜样，与学生走在一起，共同努力，互相促进。

（1）我愿和学生一起经历"第一次"

第一次当班主任，我就因为一张照片而成了"网红"。

记得那是军训的时候。对于12岁左右的孩子来说，他们很多都是第一次离开父母。家长的牵肠挂肚，可想而知。为了记录学生成长的每一个重要时刻，也为了让家长们"解解馋"，我每天都会拍一些照片发在家长群里，其中就包括一张我在基地帮学生缝裤子的照片。

因为训练强度较大，班里很多学生的裤子都扯开了裆。每晚巡房时，学生都会向我求助。作为80后独生子女的我，其实也没有缝过裤子，但我知道，我必须试一试。

我招募了两个敢于尝试的学生同我一起缝补，没想到竟然真的缝好了。学生惊喜地围着我说："老师，您真厉害！竟然会缝裤子！"

我哭笑不得："老师也不会啊，但我愿意和你们一起学！"

从学生的表情中，我看到了崇拜，更看到了他们对接下来的集体生活的期待。

于我而言，照顾好学生是一种责任，但家长们非常感动。他们疯狂转发这张照片，说："在一张分不清谁是老师、谁是学生的照片里，我们看到了师爱，我们放心了！"因为这次经历，学生变得更愿意靠近我了，家长们对我工作的支持力度也越来越大了。我愿和学生一起尝试许多的"第一次"：第一次缝衣服、第一次打扫卫生……因为它们教会了我们共同学习，一起面对困难。

（2）我愿和学生共做有意思、有意义的事

在传统的师生关系中，学生的话语权往往因教师权威而受到制约。在班集体建设中，学生不敢表达自己的观点，只是一味扮演"保守派"，听从班主任的意见，不做是非判断。长此以往，必然会形成假沟通、假民主的局面，使学生在班级建设中的主动性大大降低。

那么，如何有效打破班主任"一言堂"的局面，让学生畅所欲言呢？我在班里开展了"观点漂流瓶"活动。

神秘的漂流瓶激起学生的无限期待。每周"漂流"一个瓶子：周

一投入班级，周五放学前收回，周日准备下一周的内容。每周日"漂流使者"会写好小纸条，将它塞到瓶中，周一来了以后，悄悄地放入一位同学的抽屉。大家心照不宣，在抽屉里发现瓶子的学生，就将其悄悄"捞起"，打开纸条，根据纸条上的内容用跟帖回答的方式"盖楼"，将自己对这一问题的想法、做法写下来，然后将纸条继续放入瓶中，神不知鬼不觉地放入另一个同学的抽屉……如此接龙，一周下来至少有二十名同学会捞到漂流瓶，发表自己的见解。

接触过漂流瓶的学生要对纸条上的内容保密，以保持瓶子本身的新鲜感和神秘感；没有等到瓶子的学生会一直处于等待和期盼的状态，全班学生的心就在无形中被拴在了一起。周五放学时，"漂流使者"要向同学询问瓶子去向，取回瓶子并把纸条上的内容全部读出来，与大家共享，达到解决问题、交换想法的目的。

漂流瓶活动从形式到内容都符合青春期学生的身心特点，有利于把集体的心聚在一起，形成班级凝聚力；有利于营造"有事大家谈"的民主氛围，既尊重了学生的想法，也把握了舆论的走向。经过学生思想的碰撞，很多问题就迎刃而解了。师生、生生之间沟通顺畅，集体关系自然就融洽了。

互相成全、共生共长，愿我们都能成为学生的亲密伙伴。走近学生，了解他们的真实想法，多一些思考，多一些有意思、有意义的尝试，我们就能够成为学生生命里的重要角色。

2.让学生喜欢我的秘诀

有一段时间，我接连收到好几位学生和家长的反馈，这些反馈让我知道了我的学生很喜欢我。这一届学生，我带了一年零一个月，经历过"初见之欢"，也久处不厌。

事实上，之前我带过的四届学生也都很喜欢我，但刚开始几年我所感受到的来自学生的喜欢是：喜欢上我的课，喜欢听我讲故事，喜欢课后和我在一起玩，喜欢我不那么像个教师的样子。这样的喜欢更多的是因为我的学术水平、性格、年龄、性别，甚至是经验少。这样的喜欢处在"建立起良好的师生关系"这个层面，更多的是一种情绪体验，而现在这一届学生对我的喜欢，让我感觉与以往有些不同。

让我们细读细品：

"沈老师，小周同学今天告诉我，他长大了想成为一位像您一样的老师，用跟您一样的教育方式和学生相处。以前我问他，他总说自己没什么目标，现在他以您为榜样！以您为目标！"

——2022届学生周逸航妈妈

这个学生喜欢我，是因为我让他在自我目标的寻找与建立之路上看到了榜样，是因为"这个老师是我成长的方向"。

"很明显，我的孩子到了初中成了一个'标准'的青少年：除了脸上冒出的痘痘和跟我一样的身高外，他还会随时随地'怼'天、'怼'地、'怼'父母。当然这是一句玩笑话，真正令我们感到欣慰的是，他有了自己的目标：考上一所好高中。为了实现自己的目标，每天放学后，他都会主动找老师答疑。我和孩子的妈妈打趣，没想到我们的儿子会成为全年级最后一个走的学生。这还得郑重感谢一下新婚还每天帮我们'带娃'的沈老师。"

——2022届学生姚溢乐爸爸

这个学生喜欢我，是因为他相信自己在努力的过程中能获得我的帮助，是因为"这个老师是我成功的助力"。

还有隔壁班的一个学生，前段时间他遇到了一些成长的小烦恼，因此我俩有过一些接触。本来我们的关系一直停留在微笑点头的阶段，可是某天下午，在打过招呼之后，他说："沈老师，我可以加一下你的微信吗？"我有些意外，更多的是惊喜，我说："当然可以，你拿一下纸笔，我写给你。"

这个学生喜欢我，是因为我会在他感到困惑的时候支持他、信任他、开解他，是因为"这个老师是我随时可以停靠的港湾"。

初见之欢，是因为我不太像个教师，好亲近；久处更喜，则恰恰是因为我像个教师，专业贴心。这样的喜欢，建立在学生的成长和发展之需上，有利于产生深刻的师生情感。

盘点十几年的工作经历，我初步梳理出了一些"让学生喜欢我"的秘诀，大家不妨借鉴一二。

（1）"我们也曾是学生，所以我们更应该理解不同于我们的学生"

让我们先来做一个句子扩写：

教师也曾经是（　　）的学生，所以更能理解和体会（　　）的学生。

你看，这样一来，我们立刻就能理解为什么即便教师曾经做过学生，也并不能完全理解学生了。因为我们都是从自己的角色视角和经验出发，去看待学生的学习与成长，我们会自然而然地认为学生都应该和当年的自己一样，所以我们常常跟学生说："老师理解你，老师也有过类似的经历。"但事实上，我们并不理解所有类型的学生。

比如，我们在做学生的时候一定是对某个学科有着相对浓厚的兴趣的，所以我们才最终走上了这个学科的教学岗位。依据这一点来思考，我们就会很难理解为什么有的学生并不喜欢我们任教的科目。

再如，我们在做学生的时候，身边的朋友一定是在兴趣爱好、学习习惯、目标追求上与我们相似的，所以我们很难理解为什么有的学生对学习这么不感兴趣，没有目标。兴趣差异、学习感受差异，甚至是家庭生活的影响都会使我们很难对学生的处境感同身受。

因为不够了解，因为无法感同身受，所以我们也不具有绝对的评价权。在引导学生的时候，我们首先就应该跳出自我的经验圈，站在教育者的视角分析学生出现问题的原因，理解不同于我们的学生，这是让学生喜欢我们的前提，也是我们开展工作的前提。

（2）让学生喜欢的教师是公平、公正型的

刚开始接触时，学生会因为很多原因喜欢上一个教师。比如：性格开朗型教师，更容易在课间与学生打成一片；专业知识型教师，更容易让学生心生敬佩，在专业学习上给学生克服困难的勇气；兴趣广泛型教师，更容易利用自己的特长促使学生多元发展……但随着师生接触的深入，学生对教师的需求和心理预期不再局限于某一个方面，而会希望教师能从多方位融入他们的生活。在这种情况下，学生并不需要教师是一个完美的人，但他们需要教师是一个真实的人，是一个有情感、可信任的人。

在所有品质里，最能够给予学生信任感的就是公平。公平、公正地对待学生的教师，也是学生认可度最高的教师。

你或许也经历过这样的场景，听到过这类话：

性格开朗的教师跟学生很亲近，但当他批评学生的某些不当行为时，学生却提高嗓门叫嚷道："又不是我一个人这样！你凭什么只批评我？"

专业知识丰富的教师更偏爱自己所教科目学习成绩好的学生，所以私下里其他学生会议论："他就喜欢好学生/某个学生，好学生什么都好，我们什么都不好！"

兴趣广泛的教师刚开始会特别吸引学生，但时间久了，学生的新奇感过去了，教师也就没那么受欢迎了，还被一些学生称为"爱秀""秀儿"。原因是这些学生和教师没有共同的兴趣爱好，感觉自己在该教师那里不受关注。

当然，我也见到过很多没有任何特色标签的教师，因为带班办事总是能一碗水端平而慢慢地被越来越多的学生喜欢，成为了最受欢迎的教师。这是为什么呢？

其实，任何学生都有被关注、被重视的需要，他们并不奢望被偏爱，但他们希望自己的点滴努力被教师看见。当他们犯错误的时候，他们会希望自己能接受教师公平、公正的处理。这既是学生的心愿，也是我们让学生喜欢的秘诀。

（3）课堂，永远是我们征服学生的主阵地

教师对学生的影响始于课堂又不止于课堂。如果一位教师上不好课，那他就很难在学生面前建立起自信，更别谈树立威信了。

教材是固定的，学生是灵动的。怎样在一节又一节的常规课中用好教材，并通过自己的教引发学生的学，这是对我们教学能力的考验。

我们要不断研究教育教学工作，培养自己把握课堂节奏的能力。学生在课堂上或质疑问难或展开想象，师生互动高频率、快节奏，一个又一个"包袱"被抖出来，这些都需要教师去协调、引导。在有限的时间内，尽可能地让每一个学生都有机会发言和展示，这是在课堂上体现公平的重要方式。

课堂上充满着平等的对话、和谐的交流，有发现，有挑战，有沉思。这样的课堂，学生怎么会不喜欢呢？这样的课堂里的教师，学生怎么会不喜欢呢？要知道，喜欢，源于认可。

（4）以身作则，让学生在我们身上看到教育的"成果"

你们是否听到过学生这样抱怨："总是这样要求我们，自己又做不到！""社会上闯红灯的人多了，老师怎么不去教育？""那些不遵守规则的人，好像也生活得很好。"

当我们听到这些话的时候，我们该如何引导学生呢？去解释，去要求，去命令吗？我们如何让学生看到讲文明的益处，如何让学生理解守规则的好处，如何让他们发现喜欢阅读的人生活更多彩，热爱运动的人身体状态更好呢？

这些都是我们的教育目标，而这些目标的达成都是需要我们身体力行，为学生做示范的。

少一些对学生的说教，多一些对自己的要求。你希望学生热爱阅读，就去做一个爱阅读、爱分享的教师；你希望学生认真跑操，就和他们一起在大课间跑起来；你希望学生待人友善，那就用友善的方式对待班级里的每一个学生，全面了解原因后再做判断……你所希望的一切，都应当通过你的言传身教为学生提供范本。

当教师以身作则，让学生看到了热爱生活的人的确会更加有趣时，学生自然就会开始规划自己的生活并付诸行动。这样的示范，是遵循了人的成长规律的示范，其影响是深刻而持久的，能为学生提供源源不断的精神动力。

3.我和学生的"伙伴聊吧"

经过多日选址，我确定了一片环境优美的聊天区，并将其命名为"伙伴聊吧"。大家约着各带点小物件来一起装点这个专属地盘，我还为这个"聊吧"写了一句宣传语——带上你的故事来和我聊吧，我们是一同成长的伙伴。

"聊吧"自开张以来，故事不断。

本周开聊的关键词是"倔"。先看一段人物描述：你说你的，我说我的，就算你说得对，我也仍然坚持自己的看法，大有不撞南墙不回头之势。偶尔眼神里带点攻击性，语气里带点挑衅，提问中有点火药味。请注意，"带点""有点"总体都是在可控范围之内的。

这不是一个人，而是一组群像。每个学生的身上都或多或少有点"倔"，男孩子表现得更为突出。

上周，我给家长们发了一条短信："各位家长，从今天起我将逐个与学生分析检测卷，有的是面谈，有的是通过纸笔沟通（具体要根据学生的性格特点来定）。您如果有什么需要我旁敲侧击转达的，可以私信告诉我。"当天就有近二十位家长私信我沟通学生的情况，其中大部分家长都反映"孩子在家说不得""脾气不太好"。

这个年龄段的学生脾气不太好似乎很正常，大家习惯性地将其归因于青春期。确实，12~18岁是人生第三个叛逆期，也就是大家熟知的青春叛逆期。这一阶段，他们将感受并学习处理更多的情绪，产生认知冲突。为了凸显自我意识，他们可能会更倾向于对一切报以批判的态度。但是，我们必须弄清楚，叛逆期与叛逆行为是两个截然不同的概念。叛逆期是青少年的心理过渡期，在此期间，青少年的独立意识和自我意识迅速增强，迫切希望摆脱成人（尤其是父母）的管控，这种意识是可以合理调控的，而叛逆行为则是外显的，是青少年试图通过各种手段和方法来确立自我与外界平等地位的具体表现，越放任便会越失控。

当然，这种叛逆行为不会出现在所有学生身上，但不可避免地，所有班主任都会碰到一两个"典型"。不少班主任头痛不已，甚至会问：在所有的学生中，为什么就他的叛逆如此突出呢？我到底该怎么帮助他呢？

冰冻三尺非一日之寒，如果想要分析学生叛逆的原因，我们就得不断地追溯，通过他的早期记忆深入地了解他，我比较常用的方法是词语联想法。

比如你可以问："以前你也出现过这样烦躁不安的情况吗？和我说说你的过去吧，你小学的事情或者是家里的事情都可以。"

下面我提供一些实录资料给大家参考（因为涉及一些个人隐私，所以我只零散地呈现几句对话，不进行整体复述，请大家不要对号入座，也不要妄加猜测）：

【 早期记忆 · 词语联想 】

小学 · 考试

"我们小学竞争很激烈，考试是最平常的事情，老师不需要提前告知我们，随叫随考，考完就公布成绩，然后找人谈话。

"我一直都不算太开心。

"我压力比较大，因为优秀的人很多。"

家里·对抗

"和父母有点矛盾……母亲节后，关系缓和了。是我先低头的，其实也没有什么大事，就是相互不让步。

"我当然也不想这样。

"他们很忙，有时候……

"有些事情我觉得他们做得不对，比如……

"在我三年级以后，家里就……"

初中·矛盾

"我也知道这样的状态不好，有时候节奏乱了，就控制不好。

"我不是有意的，也没有恶意，没有想对着干。

"我并不觉得我这个方法有问题。学习效果不好，可能是因为我自己……

"有时候别人的意见还是可以听的，他们会有自己的经验。

"我确实准备了，可能是时间不充足吧，或者确实不够投入。

"老师，你不能这样呀，管还是要管我的……"

果然，这个学生是个矛盾体，心里知道自己存在问题，但不愿直视。如果你态度强硬，他一点就着；如果你不能一针见血地指出问题，他就会"带节奏"和你耍贫嘴。

【综合要素分析】

学生的叛逆、坏脾气……形成原因是各种各样的，我们必须从不同角度去把握。

性格发展特点：

叛逆是他追求独立的表征，但在他的身上存在独立意识与独立行为脱节的情况。他倔，所以自尊心更强，有个性。批评与强制要求不仅对他起不了作用，反而会加重他的逆反心理。

我在与这样的学生交流时会先尽量引导他表达出不满，解开心里的一些结。当然，你不要指望通过几次谈话就可以完全解开他心中的结，你只能慢慢地引导，产生影响。倾听他的经历，适当回应，暗暗地做一些矫正性和补偿性的引导，让他尝试打开心门。

亲子关系特点：

爱是家庭教育永恒的主题，但"爱不得法，爱而没有边界"往往会加剧孩子的叛逆。

生活中，父母对孩子往往百般照顾，对他的要求也基本都会满足。学习上，父母的要求很高，对孩子就比较严格。父母对结果的关注大于对过程的关注，他会感到被束缚，想挣脱。所以他拒绝听取父母的意见，想按自己的方式做。

他可能曾经对母亲的命令发出过挑战且成功了，接下来他就会有意无意地向父亲发起挑战。这是他的重要行为动机——证明"我可以"！

师生关系特点：

学校教育并不是教育的起点，尤其在中学阶段，学生的性格和行为方式基本已经成形，教师想要从根本上对学生进行观念矫正，具有相当大的现实操作难度。幸亏这个年龄阶段的学生都相对亲师，只要我们对他提出的要求合理，他一般都会接受，只是执行中会打折扣；部分要求做不到的时候，学生自己也会觉得很惭愧，极有可能主动找教师沟通。虽然改正力度小，但我们仍然能够抓住这些特点，将他成长中的问题转化为教育他的资源，这个正是我在带班过程中一直在努力做的事情。

【策略建议】

要多和这样的学生开展系列交流。为什么是"系列"交流呢？因为对于叛逆行为明显的学生而言，他们的问题往往积累已久，一次谈话能触及的东西有限，急不来，只能打持久战。

为了帮助大家收服班里的"倔王"，我精心布局：

巧用暗示，敲山震虎。

暗示有两种，正向暗示与反向暗示。我先采用正向暗示，在班级里大力表扬复学后进入状态快的学生，具体说明他们的优点，鼓励大家向他们学习，营造积极的群体氛围。随后，我会批评部分不好的现象，以此引起大家的注意。当然，我会继续使用"眼神的力量"，向有相关问题的学生投去提醒的目光，让"倔王"知道，"你出问题了，我给足了你面子，你要抓紧调整，做出改变"。

抓住关键事件，打蛇打七寸。

蛇有七寸，在头之下，腹之上，制其要害之处，得之。七寸是蛇的要害，要擒蛇就要打其七寸，那么管理学生也一样。怎样让学生服？用事实说话！有问题直接找责任人，你有什么委屈和理由尽管说出来为自己辩解，我们可以讨论，说不出理由就得给我一个说法！

将功补过，机会还有。

给他一个将功补过的机会，证明自己还值得帮助。想怎么补救，要怎样采取行动，预计效果如何，做不到怎么办，一项一项说给我听。人都是有自尊心的，更何况他是如此倔强的青少年。面对自己的失败，勇敢地承担责任，一切都可以重新开始。

会心一笑，明确目标。

独立就意味着要靠自己过上更好的生活，这是一个明确的目标。目标是动力，是计划执行的靶心，不把目标问题解决，行动起来一定会缺乏持久力。教师要引导学生制定自己的目标，以"我想"促进自我成长。

其实管理"倔王"的招数还有很多，但无论用什么招数，都必须带着真诚。我们要真心地希望学生越长大越自主，越对自己尽责。如此坚持下去，学生也一定会感知我们的真心，不断进步。

二. 好关系促进未来发展

1.让每一个教育故事都有续集

教育是一门讲究追问的艺术，遇事多问一句"为什么"，做事时多想一下"哪种方法更有效"，完事后多思一遍"还有可供挖掘的教育资源吗"，那么每一个教育事件都将发挥出教育价值，帮助我们实现专业成长。

在工作中，我发现很多有意义的德育活动都没有"进行到底"，大部分活动在学生得到荣誉或领到奖状的那一刻，似乎就圆满结束了，但故事发展到这里真的就结束了吗？还有没有可供挖掘的空间呢？还有没有其他形式可以延续教育的价值呢？

带着这样的思考，我努力尝试让班里的每一个教育故事都有续集，尽可能继续深挖，进一步发挥教育事件的影响力。

集体活动是巩固和增强班级凝聚力的重要途径。在集体活动的组织和开展中，班主任要重视活动后续的德育价值，重视培养学生的责任感，提升学生的价值感，增强班级的荣誉感，把整个班的活力激发出来。

以我班的一次集体活动举例：

歌声中的集体荣誉

青春的五月，歌舞飞扬。我们学校每年都会在这时举办艺术节，给学生提供展示自我的舞台。

"卡拉OK大赛"是艺术节的热门项目。赛制要求每班只能选报一个参赛节目，且参赛人数不超过两人，演唱形式不限。很显然，这是一个比拼歌喉的项目，但这个项目也承载了集体荣誉。初一的学生积极性非常高，班里一下子就报了好几个节目。经过班内选拔，嘟嘟和焦焦两位女生演唱的《斯卡布罗集市》脱颖而出。她俩都学过声乐，音色很美，加上这首歌是一首"高大上"的英文歌，我和全班同学都信心满满，觉得她们参加学校比赛肯定能夺冠。抽签时她俩抽中了一号，结果却只得了年级第十名（一共十二个节目）。其实她俩唱得不错，但是因为是慢歌，又是第一个上场的，她们演唱的歌曲俨然成了开场序曲。这事在当时并没有引起多大的问题，但一年之后，问题来了。

　　当我再一次组织艺术节报名工作时，"卡拉OK大赛"无人咨询，无人报名。我私下多次动员一些歌唱得不错的学生报名，但他们都信心不足。有的说："嘟嘟和焦焦唱得那么好都没拿到好名次，我肯定不行"；有的说："去年得一等奖的那几个好厉害，我去了也只是'打酱油'，不去，不去"。当问起嘟嘟和焦焦时，两人都沉默不语。眼看报名的截止日期就要到了，如果强迫某个学生报名，又不尊重学生。就这样，报名工作陷入了僵局，进也不是，退又不甘。

（1）"孤独"的集体之战

　　那一刻，我才开始反思自己一年前在"卡拉OK大赛"中的表现。首先，我个人对"卡拉OK大赛"的重视度不够。艺术节的大多数活动都是集体项目，唯独"卡拉OK大赛"是独唱或对唱，所以我有意无意地觉得其他活动更重要，而这个项目，无关集体，节目的排练与准备我都没有参与。其次，比赛过程中我给她们的支持不多。比赛时，场上气氛沉闷，观众听不太懂又静不下心来听，她俩恨不得赶紧唱完下台。我感觉到了她俩的拘谨，竟也没有组织观众席里的学生为她们加油，甚至连鼓掌都没有。最后，结束后一笔带过。结果出来以后，我知道她俩很难过，也知道大家都很失望，其实我也有些失落。因此，我没有过多地对这项活动做评价，而是草草了事。现在想来，与其说当时我是因为不想多说使她俩难受而默不作声，不如说我是因为自己不想再去多想那个结果而沉默。

整个活动中这两名女生孤独作战，而她俩却又肩负着班级的荣誉，主持人在报幕的时候都是说："掌声欢迎 ×× 班的同学给我们带来 ×× 歌曲"。她俩承受了太大的压力，却没有感受到支持与温暖，她俩应该是心寒了。而且，因为我的原因，其他学生也会觉得我不重视这个项目，甚至很可能会认为在我眼中胜者为王，败者为寇，因此产生了"这个活动不值得参加"的想法。再加上去年确实出现了几名"麦霸"型歌手，这就导致了今年的"卡拉 OK 大赛"无人报名。

心理学上有一种"峰终效应"，意思是说，一个人对某种体验的记忆由两个因素决定：高峰时的感受与结束时的感觉。事实上，结束时的感觉往往比高峰时的感受更为重要。一个人在评价某一事物的时候，会受"正面"或"负面"因素的影响：如果正面因素出现在结束时，那整个评价就会偏向于积极；如果负面因素出现在结束时，那整个评价就会偏向于消极。

全班学生对于"卡拉OK大赛"的感受应该是不愉悦的，所以尽管我多次动员，学生也仍然拒绝参赛。出现这样的结果，的确是因为我没有做好后续工作。

（2）让我们伴你同行

针对这一情况，第二天，我在班里公开发言。我向全班学生说了自己的反思，对嘟嘟和焦焦表达了歉意。尽管迟了一年，但我看到了她俩脸上释怀的神情。原来，这件事给她俩带来的负面影响一直持续了一年。

我重新动员学生参加比赛，并拿出了自己的协助方案。嘟嘟和焦焦表示愿意把自己的参赛经验分享出来，一个男生也主动说自己愿意尝试，我们又邀请到了另一个学生参与合唱，选歌与设计演唱形式的过程中很多学生给我们提建议。最终我们选择了当时热映的电影《同桌的你》的同名主题曲，还为歌曲设计了舞台表演。尽管我们不是唱得最好的，也没有把观众引得连连尖叫，却用最真诚的演唱和最真挚的表演演绎出了美丽的青春故事。我登台与学生一起演出，班长带领台下的学生热烈鼓掌，浓浓的校园情怀俘获了评委和观众们的心，最终，我们获得了第一名。学生领回写着"初二(3)班荣获'卡拉OK大赛'第一名"的奖状时，个个兴奋不已！故事到这里似乎圆满结束了，但我却不由得问自己：我能不能再多做些什么呢？

（3）精彩仍可继续

将满载集体荣誉的奖状贴上班级荣誉墙是每一个班级都在做的事情。当"卡拉OK大赛"奖状即将贴上墙的时候，我听到一个学生在小声地说："这奖状来得真不容易，我们要记住为班级'出战'的这些同学。"是啊，集体奖状写的是班集体的名称，可是没有写上任何为这份荣誉付出努力的学生的名字。这个故事可以有续集啊！它的续集应是由我来帮助大家记住所有为之努力过的同学。

于是，我在班里发起倡议，让所有参与了这个活动的学生，包括那两位演唱的学生、配合出演的学生、为节目默默付出的学生，把名字写在奖状上，并写上自己用什么方式参与了这个活动或者收获了什么，作为表彰自己的理由。于是，我们的集体奖状上不仅有了班级名称，还有了参与者的名字，不管是台前的还是幕后的，只要是参加了这次比赛的学生，都被"定格"在了这张荣耀的奖状上。从此以后，我们班每一张只写有班级名称的奖状上，我们的参与者都会骄傲地写上自己的名字和表彰理由。因为多了这一步，所有参与的学生都能感受到自己对班级的重要性，认识到集体的成功源于每一个个体的努力。我能明显感觉到，我们的班级变得更有凝聚力了。

在利用班级活动进行集体教育，增强班级凝聚力方面，我重视四个环节。

第一，带领学生回顾荣誉背后的故事。

只有关注和分享了过程，而不是只在乎输赢，结果才更能深入学生的心。

第二，引导学生分析活动中的得与失。

输赢并不重要，但根据输赢明确得失并分析原因很重要。这样做除了能进一步指导学生巩固有效的做法，改进无效的措施以外，还能训练学生的思维。

第三，与学生共同展望下一次。

积极的期待和展望能够帮助学生明确目标，从而向更好的方向发展。

第四，重视班主任的小结作用。

学生的体验和反思很重要，而教师以理性的逻辑和感性的语言做好活动的小结工作也同样不容忽视，这样班主任既能更好地发挥价值引领作用，又能树立威信。

班主任重视并做好这四个环节的工作，便可以轻松为集体活动写出精彩续集。为了深化大家的理解，我为大家再提供一个工作实例：

"班级奥斯卡颁奖礼"——续写个体精彩，强化好行为

班主任应遵循个体教育与集体教育相结合的原则，关注学生的个体差异，突出个别性，续写每一个个体的精彩故事，正面强化学生的好行为，以此促使集体共同成长。

每月，我班都会开展一次自评与互评活动，表彰突出个人，为其颁发奖状。奖状以班级名称落款，并加盖班级章。

我认为这是班内的一项重要活动，但在学生心中却没有什么分量。从家长反馈的情况来看，很多获奖学生的家长根本不知道自己的孩子获得了当月的班级表彰，更没见过什么奖状；从学生的表现情况看，他们常常将奖状随手放在抽屉里，有时候奖状掉在了地上也不捡起来，甚至还有学生会把奖状丢弃在垃圾篓里。作为活动的组织者，我心里挺不是滋味的，为什么受表彰的学生这么不珍惜这份荣誉呢？

我自以为很有意义的班级表彰却走不进学生的心里，问题出在哪呢？

随着我进一步与学生沟通，我逐渐知晓了原因。

首先，班级内的奖状存在"含金量"低的问题。一张奖状在网上只卖几分钱，手写表扬词，盖班级章，看似走了流程，但若与各类"权威"奖状相比，一看就"不上档次"。

其次，缺少完善的评选制度。一般在评优时，会经过宣读评选

条件，组织学生自荐或推荐，开展竞选演讲，考评综合素质情况，公示与复核等一系列流程，最后才确定评优名单。相比之下班里的表彰因为"小"，所以往往忽略了过程，每次都是班委和我主观地根据当月情况口头讨论一下就产生了结果，这就给了学生一种"这种表彰也就闹着玩玩"的感觉。

最后，班级表彰从评选到颁奖都没有做足宣传。评选前学生和家长不清楚，评选后教师也没有主动告知家长。整个活动都有种偷偷摸摸的感觉。宣传不到位，自然也就达不到激励的效果。

由此可见，对于我班的学生来说，班级表彰来得太容易、太不正式了，所以他们不重视、不珍惜也就很容易理解了。

这个教育故事，我必须改写！可是，该如何改写呢？怎么做才能让班级范围内的表彰受到学生的认可和重视呢？怎样才能让学生意识到，除了成绩以外，其实还有很多的好行为值得被表彰呢？怎样做才能变"我想给学生颁奖"为"学生想要为自己颁奖"呢？

为了解决我所遇到的这一系列问题，我开始围绕班级表彰这一话题大量学习、借鉴名师做法。最终，我结合班级实际情况，办起了"班级奥斯卡颁奖礼"。

（1）班级小奖励也可以"高大上"

我为学生订制了小奖杯，奖杯上印有"班级达人""班级风云人物"等称号；我们推选班主任、教师代表、学生代表、家长代表等九人组成了评审委员会，委员们制定了成文的评选及颁奖方案，并向全班同学进行了解读；我们每月固定在最后一周的班会课上举办"班级奥斯卡颁奖礼"，邀请颁奖嘉宾，制作PPT，写上榜理由和推荐词，播放颁奖音乐，发表获奖感言；我们利用博客、海报、校信通等多种途径为获奖者进行宣传，还安排获奖者就自己的好行为进行班级演讲……用学生的话说，"班级表彰活动一下子就变得'高大上'起来了"。

活动"上档次"，学生的积极性也很高。每个月自荐、推荐的各种好人好事都很多，评审等级会按章程客观、理性地进行审核和商议，选出当月"班级达人"和"班级风云人物"并进行颁奖。获奖者兴奋地捧着奖杯回家，照相纪念，向朋友"炫耀"。因为想获奖，学生的表现一个比一个积极。故事发展到这里，好像又可以画上句号了。可是，这样发奖杯，评优不就成砸钱的项目了吗？这样表彰学生，难道不是很功利吗？所以，故事还要继续。

"班级奥斯卡颁奖礼"最重要的意义是什么呢？我觉得在于精神的传承！

（2）奖杯要传承

奖杯不会永久地留在某一个学生手上，本月获奖了，你领回去，想怎么收藏都行。等到下个月的时候，如果你又一次当选了，就继续保管；如果产生了新的获奖者，那么你就是颁奖嘉宾，你负责将承载了自己荣誉和力量的奖杯传给下一任获奖者。

奖杯的传承也是精神的传承，它激励着班里每一位成员不断向前，它为故事的续写增添了太多的可能性。"班级奥斯卡颁奖礼"的举行，对学生个体的好行为起到了强化作用，也增强了班级凝聚力，各位班主任不妨试一试。

需要提醒各位的是，在实际操作中，一定要明确这几个方面的

务安排不合理。

没有计划就没有任务可执行，人的机体就会处于懈怠状态。调整生物钟，根据学校作息规律制订一个计划表（如表4-3），将会很有效果。

表4-3 开学倒计时日常计划表

时间	任务	自评
7:00—7:30	起床，认真吃一顿早餐（假期的不规律首先表现在早餐的"走失"上）。	
7:30—8:00	晨读（可以是上学期内容，也可以是新课内容，还可以是感兴趣的课外内容）。	
8:00—11:00	留出至少2小时作为学习时间，对课文进行学习和理解，或对概念进行分析与运用（早上人的思维最为活跃）； 时间分配上可以采用学校的"45分钟制"，也可以采用番茄计时法； 具体内容可以是检查假期作业的完成情况，也可以是根据教师的建议进行自主预习，学习新知识。	
11:00—14:00	午饭、午休，做一些自己喜欢的事情（适当娱乐和休息也是一种自我奖励）。	
14:00—16:00	动手操作或参与实践（如进行家庭实验）。	
晚饭前	自由活动时间，可自主选择体育锻炼、阅读、器乐弹奏、信息处理等。	
晚饭后	饭后散步是不错的选择； 同时可以开展一些安静的活动，比如阅读、听书、听音乐等。	

2）适度运动·唤醒身体

人久坐、久躺，身体就会感觉疲惫，出现睡得越多感觉越困、哈欠连天的现象。这其实是身体在暗示你该站起来动一动了。

暑假天气炎热，要注意运动方式的选择与运动时间的控制，我建议多选择室内运动。如果想去户外锻炼，建议选择早晚气温相对合适的时候，同时要注意防晒，避免中暑，注意运动补水和能量补给。不少酷爱运动的中学生，在暑假都会运动过量，出现不良反应，这就是因为他们没有注意防晒、补水、供能。

　　3）技能展示·提升自信

　　在假期中，学生有很多机会学习新的技能：在家学了一道菜，新画了一幅画，组装了一个小橱柜，自制了某个小道具……

　　教师不妨开展一个线上技能展示活动，让学生合理地"嘚瑟"一下，提升他们的自信心。

　　4）情绪识别·放松心情

　　情绪是复杂的，"要开学了"四个字给人带来的情绪体验也是多样的。举个例子，如果你认为你焦虑，你脑海中浮现的让你焦虑的理由就会变多，你会想到很多开学以后可能让你感到焦虑的人和事，会担心自己处理不好，然后变得越来越焦虑。但事实上，你对开学是抱有期待的，你有许多新的计划想要实行，你有许多趣事想和老师同学分享，但你的大脑已被焦虑的情绪所占据，再无心其他了。

　　其实，情绪是可以识别，可以舒缓的。通过情绪识别，找到自己的主情绪，让情绪可视化，从而找寻舒缓糟糕情绪的方法，使整个人放松下来。如果我们真的觉得焦虑，那就把焦虑画出来。你可以想象焦虑的形态，画出很多缠绕交错的乱线，或是涂出一个大黑块；把焦虑说出来，讲一讲到底是什么事情让你感到焦虑，你担心的最坏的结果是什么？当你画完、说完之后，你就会突然发现，好像这些让你焦虑的事情也没什么大不了的，然后你就释然了，人也就轻松了。

在开学的前一两天，教师和学生都可以试一试这样做。

5）仪式告别·渐入佳境

举行一场告别仪式，跟假期里的自己说再见。

与手机、电脑说再见，这个再见不是说不见，只是少见，是有计划、有目的地见；与那些不好的生活习惯说再见，收起自己的小懒散，远离沙发、电视机；与假期被动学习的状态说再见，准备开始积极地学习新知识；与万事父母代劳的生活方式说再见，假期里醒了就有饭吃，渴了就有饮料喝，这些都是因为父母在照顾我们，新学期让我们学着独立一些吧！

教师可以让学生找一找自己在假期里的小问题，对这些问题做一次告别："我要对我的沙发说再见，这个假期我一直窝在上面，我希望在新的学期里……"

举行一场告别仪式，在轻松有趣又有仪式感的活动中，强化学生的自我控制能力，帮助他们更好地适应新学期的生活。

学习习惯小活动，帮助找回学习状态

1）打卡总结·暗提醒

假期作业的完成度和正确率通常是最让教师和家长头疼的。开学前一周，建议教师们在学生群或家长群里开启自查打卡模式。

班主任可以群发短信，短信内容为："今天我们将核对假期作业第×页到第×页的内容，请大家根据答案自查批改并将错题订正，有疑问的可以随时在群里提出或私聊教师。"同时，要在群里建一个作业文档供学生提交作业，系统自动汇总，教师点评，学生每日打卡。这样一来，既方便了教师对学生假期作业的答疑指导，也有助于学生提前收心，避免到了开学前一两天才疯狂补作业。通过打卡，学生动起来了，提醒效果也出来了，班主任的工作也会更加轻松。

2）作业展示·促分享

激发学生主动性的最好方式是给他们提供平台，以交流和分享的方式，提高他们的积极性。

打卡群里收到的作业（有时甚至是学科小报、思维导图等作品），形式越开放，给人带来的惊喜越多，学生成长也就越快。教师可以将批改或点评过的优秀作业发布到群里进行展示，邀请优秀作业代表，通过语音、视频等方式分享自己的成功经验。在分享的过程中，被表扬的学生得到了鼓励，其他学生也会受到榜样的影响，变得更加优秀。

3）小组汇报·巧激励

开始上网课之后，我越发意识到群体协作的重要性。小组合作的学习形式让线上交流成为相互影响、团队共进的又一路径。

假期里，大家有没有布置学生小组合作或团队协作的作业内容？如果有，给小组一次汇报交流的机会；如果没有，在开学前三天可以布置。新学期，我们可以根据班集体建设的需要，事先与班委商量，确定主题和任务，组织小组讨论分享，让班级群里热闹起来。

给小组搭建平台，不仅是对学生个体的关注，更强调了组内分工、团队协作与管理，能够起到一个很好的激励作用。

4）新知预告·建联系

学科知识的学习是连贯的，假期里教师应该引导学生根据自己的情况，复习旧课，预习新知。

开学前的预热过程中，教师可以通过短视频、微课等，向学生"剧透"下学期的部分有意思的课程内容，以此激发学生的学习兴趣，也可以为部分重难点章节做铺垫，鼓励学生自主预习，做到心中有数。比如，在我班学生已经基本掌握新学期的部分重点单词的基础上，我就会设计检验单词掌握程度的小活动，以此帮助学生巩固知识。

在知识的"剧透"中，教师应尽可能地从学生已有的知识出发，建立知识间的联系，给学生的进一步学习搭建"脚手架"。

5）学期畅想·加动力

每一个人站在新学期的起点上，都会有美好的憧憬。学生如此，教师也一样。

经过一个长长的暑期，我们是否总结了上个学期的不足呢？是不是想在新学期里做出一些改变呢？面对新的挑战，我们是不是既有一些兴奋又有一些担忧呢？利用好"新起点效应"，在"开学"这个重要的时间点上和学生一起畅想我们的新学期。

人际交往小活动，建构群体互助网络

1）亲子互动·谈收获

假期中，学生的人际交往圈会缩小，从某种程度上来说，家长成了他们人际交往的核心对象。但青春期的学生，又有多少懂得与父母交往的呢？

班主任不妨抓住假期的尾巴组织一次亲子沙龙，帮助学生回顾假期的家庭生活，来一次家庭真心话活动：

父母篇："夸夸你，我的孩子。"

积极寻找、主动发现孩子在假期中，特别是在家庭生活中的变化，让孩子明白自己对于其他家庭成员而言是非常重要的。

孩子篇："爸爸/妈妈，谢谢你。"

假期生活中，父母对自己的照顾，对自己的影响，你感受到了吗？通过表达爱，让父母收获感动与温情吧！

除了这两个篇目，大家还可以共同制订家庭计划，给家庭成员开具"希望整改清单"，在新学期里一起努力。

2）同伴点赞·设目标

同伴效应的辐射面是非常广阔的，积极的同伴和班级群体，能让学生自觉约束自己的不良行为，强化自己的积极行为。同样地，消极的同伴和群体也能使学生个体日渐堕落，不思进取。

班主任应学会借助班级内的正能量，通过点赞活动，让学生积极自荐，让同伴真诚互夸。在互夸的过程中，建立起班级人际关系网。让学生明白，每个人都有自己的优点，大家既需要自我肯定，也需要相互学习，从而形成发展合力，彼此促进。

3）师生访谈·话成长

一个假期未见，学生肯定会想知道老师们的假期是怎样的。出去旅行了吗？有怎样的见闻和感触呢？在家庭中，老师会是什么样的呢？老师是如何照顾家人，参与家庭生活的呢？为了上好新学期的课，老师在假期里会怎样做准备呢？老师的备课本是什么样的呢？

面对这些疑问，班主任不妨组织一次师生访谈，让教师走入学生的生活，成为学生生活的榜样。

4）家长沙龙·互学习

通过一个假期和孩子的相处"过招"，家长们也有了自己的感受，他们也需要学习、交流、敞开心扉。

为家长们组织一次线上沙龙，让孩子协助家长制作PPT、录制微课……在亲子协作间消除矛盾，增进感情，学会互相体谅。同时，通过线上分享，家长们也可以看看别人都是怎么做的，可以在交流时说出自己的困惑，互相讨教育儿经，班主任也可以给出专业建议，共同助力孩子的成长。

5）家校会议·共筹划

新学期，学校一定会有新的安排，各年级，甚至各班都会有各自的新学期规划。班主任不妨组织一次家校会议，向家长解读新学期学校的办学理念，让家长更了解学校的规章制度，以此做好衔接铺垫。会议上，班主任应从学校、年级或班级的总规划入手，给予家长建议，指导家长参与学校工作，相互配合，以实现我们共同的目标。

转眼就要开学啦！这些活动有你感兴趣的吗？有你觉得可操作的吗？不妨根据你的现实需要，选择2~3个，试用一下吧。

1."六色目标卡"，增添行动力

常立志，不立长志；常定目标，不落实目标。这是中小学生面临的成长问题之一。比起没有目标，空有目标而缺少行动是大多数学生的"痛点"。为了有效解决立志与行动脱节的问题，我在班里组织学生开展了"六色目标卡"特色活动。

比起小学生，初中生的主动性会更强，他们会在教师和家长的引导或"唠叨"中思考：

◎我要考什么样的高中？

◎我需要为中考做哪些准备？

◎哪些是我的优势学科？

◎我还存在哪些短板？

◎我现在行动，还来得及吗？（毕业班）

这些问题很容易使学生形成积极假象（或得到心理暗示）：我有目标，我很努力！

如果你追问学生：

◎你了解过你所在省市的高中吗？

◎你知道它的课程特色和学业水平要求吗？

◎你在短板学科中存在的学习方法问题和思维习惯问题是什么？

你会发现大部分学生根本回答不上来。

这就揭示了一个残酷的真相：学生的目标是空泛的，他们缺少行动方向和持久的执行力。

从假象到真相，学生的成长需要"具象"。具象，即具体化。这样才能使目标变得可评价、可测量，也才更好付诸行动。

举个例子，如果学生想在跳绳测试中拿满分，那他就要清楚地知道满分要求是1分钟跳多少下，他目前能跳多少下，为了达成这个目标，他跳绳的姿势是否需要调整，每天需要坚持练习多少几组，什么时候练习，分几个阶段完成（即第一阶段要增长到跳多少下并能稳定下来；第二阶段要增长到……直至最终达到满分标准）。

指导学生设立目标，结合实际调整目标，并通过切实的行动达成目标，是班主任建班育人的重点工作之一。

经过多年的实战，我打造了一套"六色目标卡"，帮助学生树立和达成目标。

具体操作流程如下：

第一步：

开学第一次班会课上，和学生一起讨论制定本学期的班级发展目标与个人成长目标。（这一步的目的：勾勒成长蓝图，形成集体愿景）

第二步：

将学期总目标细分为六个阶段，确定每个阶段要完成哪些具体任务。（这一步的目的：分解目标，拆分出阶段性"最近发展区"）

比如某学生的目标是提高语文阅读理解能力，经过讨论，语文老师建议他多读课文，并为他开具了课外读物单。该同学为自己树立了每月读完一本书的目标，那么将该目标细化，他每周就需要读完这本书四分之一的内容。

第三步：

将第一阶段的行动任务做可视化处理。（这一步的目的：将行动任务具体化，营造氛围，引导学生做出详细计划，建立互相学习与互相监督的机制）

我事先准备了红、黄、蓝、绿、紫、金六种颜色的小卡片，等学生设定阶段目标后，我会发放相应颜色的卡片。之所以将红色作为第一阶段的目标行动卡颜色，是因为希望他们"开门红"。卡片填写好后，我会安排学生将它统一张贴在教室里，让目标与行动可视化。

学生填写目标行动卡，采用"一句话目标+三个行动策略"的方式，例如：

一句话目标：我想增加英语词汇量。

三个行动策略：

每周三次课外阅读积累，词汇+长难句拆分；

每周末一篇写作练笔，提高新积累词汇的使用频率；

每周背诵短篇英语美文或范文一篇。

第四步：

分阶段推进，通过颜色区分行动进程。（这一步的目的：引导学生评价自定目标的可行性和达成度）

当第一张卡片上的目标达成之后，学生就到学习委员那里领取第二张（另一种颜色的卡片），继续树立下一阶段目标并努力完成。依此类推，借助小卡片帮助学生把握目标达成度，调整自己的节奏。

我曾遇到过一个有趣的小插曲：一个学生在其他同学普遍更换了

三到四张卡片后，找我要一张红色卡（起始卡）。我很不解，于是问："你的卡片不还在那里挂着吗？开门还没红！"他有些不好意思，只是说："我觉得那几个目标我到毕业也达不成，老师你还是给我重新写一次的机会吧！"

能及时回头，重新调整策略，即便没有达成目标，也是一种成长。大家不要小看了这些可视卡，它们营造出的积极向上的班级氛围能够在无形中给予学生前进的动力。

当看到别的小伙伴已换上了其他颜色的卡片，换卡慢的学生会不甘落后，主动加快行动，或者主动调整目标，使之更切合自己的实际情况，以保证自己不掉队。至于换卡快的学生，他们会因此变得更加自信，对自己的目标全力以赴。

目标的可视化有利于促进学生之间的良性竞争。我常看到课间有学生在阅读其他同学的目标卡，看看别人有什么样的目标，制订了哪些切实可行的计划，思考自己可以从哪些方面借鉴。有的学生悄悄参照"学霸"的路子，加入到了每日做一题、每日阅一篇等学习活动中；有的学生仔细研究"对手"的目标和措施，力求赶超。在你追我赶的氛围中，学生便自然而然地达成了自己的目标。

教师应当清楚，不同层次的学生有不同的现实压力和内在需求：

◎学习能力强的学生需要自主学习的时间，他们具有横向和纵向对比试卷结构、提炼考点、查漏补缺的能力，他们需要"跳起来"挑战综合题的机会；

◎学习能力一般的学生需要在巩固训练中找到自信，在错题的梳理和变式性练习中找到解题的方法；

◎学习能力较弱的学生需要托住"底盘"，放弃力所不及的知识点，拿稳基本分，守住基本盘。

他们都需要被看见、被关注、被满足。这套"六色目标卡"让学生的目标可视化，在一定程度上为学生提供了内在动力。他们在相互交流中由看促行，相互学习，彼此促进，不断获得积极的（甚至是成功的）体验。

2.毕业特别行动：举办"班级光影秀"

光阴荏苒，转眼又是毕业季。离别即将到来，新的旅程也即将开启。面对将要毕业的学生，作为班主任的你，有什么打算呢？是准备一份神秘礼物，还是留一行深情赠言？是带领学生回顾往昔，总结这一路走来的得失，还是办一次活动，与学生共度最后的美好时光？

在我的班里，我会在毕业班办一个特别的活动——"班级光影秀"，即把班级的时光影集整理出来，以互动游戏的形式带着学生一起回顾过去。

毕业班的学生在最后阶段是最容易感到迷茫的，一是因为学业压力大，二是因为毕业离别。所以，送给学生的毕业礼物一定要能够在这两方面对学生施加积极影响。利用班会课在班里举办一场大型"回忆杀"活动，向每位学生征集一份他们认为在整个初中阶段最有趣味、最值得回顾和纪念的影音资料或文字材料。材料要求信息完整，有明确的时间、地点标注，如："视频录制于8月31日军训汇报表演现场""照片拍摄于10月21日第二届秋季运动会现场"等。可以是集体照，也可以是个性十足、特点突出的学生个体照；可以是人物资料，也可以是景物或其他资料。

资料搜集完成后，由我和学生代表组成筛选小队，从中选出最能令人产生共鸣、最具代表性的作品三十份。三十段记忆，寓意"三年，十全十美"。

确定内容后，我们便要将这些资料运用起来，设计成不同的游戏。可分小组创设必答题和抢答题，题型有选择题、填空题、问答题。

选择题：

去年11月14日，我们漫步南京的主题是_____。（题干不设伪命题，集体照为证）

A. 叶舞钟山，时光斑斓

B. 览长江盛景，感金陵沧桑

C. 文化风韵，青春记忆

D. 匠心留痕，青砖成锦

填空题：

开展入学衔接活动时，我们在体育馆参加的游戏是_____。

进入班级后，我认识的第一个新朋友是_____。

英语老师的口头禅是_____。（须征得英语老师的同意，可提前拍摄或录制这句话，留住这句听了三年的"唠叨"）

问答题：

（出示照片——错失金牌后）谁还记得这张照片背后的故事？（发烧的同学坚持参加运动会，结果在比赛中意外跑错了跑道，虽然遥遥领先，但还是被判成绩无效，错失金牌……）

选择题和填空题要求快问快答，可邀请多位学生参与。一张张照片、一段段视频、一句句话语，从一开始的笑、互相逗趣，到感受到惆怅、不舍，在回忆活动中感受温情，分享感动，实现一次无声的自我教育，完成一次圆满的毕业总结。

如果时光可以成为课程，那"班级光影秀"就是载体。从征集到答题，整个活动都是既幸福又伤感的，学生在这种情感冲突中获取前行的力量，留下了无法磨灭的成长印记！

3.走廊上的"成长足迹轴"

周末，上大一的学生给我发来了两张照片，照片的内容是当年我们在班级走廊上打造的"成长足迹轴"。

那一届，我只带了一年，感情却很深，很多学生在毕业后仍然和我保持着联系，而这条"成长足迹轴"，也成了我们共同的记忆，在我们心中占据了重要的位置。

师生一同在温馨的教室里生活、学习的一千多个日夜，是一部班级发展史。打造属于我们的"班史"墙，让墙面承载我们成长的足迹，供我们对话自我、反思成长。

我曾在班会课上和学生讨论过一个问题：从小到大，你接触过哪些形式的成长记录？它们有什么效果？

在头脑风暴中，学生谈到了"相册""作文集""日记本""小学毕业礼物"等。这些物品的最大作用被大家总结为"激励"，即发现自我、激励自我的日常小物，看似平常却隐藏着无限的能量。由此，我产生了一个想法：如果班级有一个记录的载体，就像学校里的校史墙一般，它会不会也能成为班集体不断发展的动力？在与学生商议之后，我们决定，说干就干！

（1）选址走廊，突出视觉效果

我们首先针对选址问题展开了讨论："成长轴有哪些特点？选择哪一面墙更能体现这些特点呢？"

同学们各抒己见：

"这面墙一定要长，毕竟要承载三年的'足迹'，如果太短，就显示不出我们成长之路的漫长了。"

"墙面需要不断更新，因此不能太高，不然操作起来会非常麻烦。"

"对！太高不方便看，看不清楚。"

"那太低也不合适，蹲下来看也挺不舒服的，高度应该适中。"

"最好一眼就能看到！"

经过讨论，我们统一了思想：找一面平整、高度适中、较长且没有隔断的墙。最终，我们选择了教室走廊的邻墙。走廊边的墙体上部为棱柱和窗户，中下部为瓷砖砌成的光滑面，位置正好在学生的腰部上下，视角正合适，也方便设计和绘制。

（2）精心设计，师生共成长

选址完成后，我们还需要对所选墙面进行测量，以便统一规划。学生逐一数出了瓷砖的横向数量，共计四十六块。以学期为划分参照，三年共需要六个区域，于是我们最终决定以六块瓷砖为一个区域，承载一个学期的内容，画上"箭靶"图形，每两个区域之间空出两块瓷砖以做区分。

对着墙上的成长轴，学生可以时常问问自己：本学期定下来的成长目标达成了吗？不断地回望自己曾经实现的目标，是激励，也是肯定；不断地思考自己与下一个目标的距离，是动力，也是期待。

学生买来水粉颜料，以学期始、末为时间节点，开始绘制班级成长轴。蓝色的时间轴，象征着大海一般宽阔的发展可能；绿色的箭靶目标，象征着向目标靠近的无限动力。

班级中发生的每一个重大事件我们都会打印一张7寸的照片，照片旁附上黄色小卡片记录事件发生的时间和主题，如"10月13日少先队中队建立""10月28日，我们的第二届运动会举行""2月2日我们班表演群舞秀"……静止的时间轴，展现出动态的成长过程，让师生一次次感慨成长不易，也一次次获得满足感和成就感。

（3）总有不期而遇的美好

让成长可见，是"成长足迹轴"设计的初衷。随着成长资料不断累积，新的教育资源生成了。

1）记忆会模糊，但体验和经历会化为成长的动力

走廊上鲜亮的照片，随着时间流逝，慢慢褪色，一个多月后就看不太清楚了，大家都觉得很遗憾。

如何解决这个问题呢？

"把照片压膜，再贴上墙。"

"但是都压膜的话成本很高！"

"咱们试试贴一层保鲜膜？"

"一层有些薄吧，多贴几层，也许效果会更好。"

学生尝试自己动手贴膜，果然照片"保鲜"的时间变长了不少，但仅仅过了半年时间，照片又褪色了。

这不正如我们的成长一样吗？记忆总会变得模糊，但是那些令我们快乐或悲伤的经历却会内化为我们成长的经验和动力，在无形中推着我们前行。

2）三年很短暂，彼此珍惜

前门的位置是"成长足迹轴"的起点，后门处清晰地写着"毕业季"。从前门出发，我们的军训、运动会、大合唱、辩论赛、校外实践……每一场集体活动都留下了深深的印记。

仅仅半个学期，学生就深有感触：初中三年真短，短到就像是从教室前门走到后门一样。

是啊，相比于六年懵懂的小学时光，青春期总显得短促而美好。

学生不禁猜测：如果到了毕业的那个学期，走廊上还剩下不到三分之一的区域，我们会是什么样子？到时我们都会实现自己的目标吗？

至此，我想我组织大家绘制"成长足迹轴"的目的已经达到了，学生们未忘过去，期待未来。

4.期末复习，不妨送学生一朵"小红花"

2021年有一部爆火电影，叫《送你一朵小红花》。"小红花"是什么？影片中马小远给韦一航画上一朵小红花，说："奖励你人生第一次积极主动。"在这里，"小红花"是一种象征，是认可、称赞的象征，它表示每一个积极生活的人都值得被肯定。

元旦一过，期末考试就近了。这个一直被网友戏称为"年度灾难大片"的考试总能轻易让学生变得紧张和忐忑。海量的知识、快节奏的课堂、时而"炸毛"的父母与教师、有目标却缺乏自制力的自己……面对期末考试，学生是不是也更加希望得到一朵"小红花"呢？

期末考试作为学习的检测环节，与掌握新知、巩固内化、补偿纠错构成了一个完整的系统，是学习的必要过程。因此，全力以赴准备考试，是每一个学生都应该做的事情。因为这既是对学习效果的检测，也是接下来调整学习方向的依据。

有效的复习需要教师帮助提供复习规划，搭建复习脚手架，而复习计划的落实则考验着学生的行动力和意志力。只要学生认真复习，教师就应该及时给予肯定，奖励学生一朵"小红花"。为了加强奖励的效果，教师不妨针对不同层次学生的复习需求和心理特点，定制不同类型的"小红花"。

（1）送一朵"挑战花"，刺激"优等生"跳一跳

复习阶段与新授课阶段的学习内容不同，"优等生"往往因基础知识掌握较好而表现得兴趣不足，复习兴奋度不够。所以送给他们的

"小红花"应该是一些带有挑战性的任务。

"适度挑战"需要学生综合运用知识与知识之间的关联解决问题，从整体上对知识进行重构，然后再表达出来。教师可以邀请部分学生参与复习课的讲授。学生若想把知识点讲清楚，必定会在课前进行大量的自主梳理，厘清逻辑关系。作为教师，我们也需要在课后作业的选择上给予他们更大的自由，让他们有机会参与典型题目的命题和复习资料的编制。

这一做法能极大地调动"优等生"的学习积极性，不仅增强了他们的成就感，还增强了他们的责任感。

（2）送一朵"表扬花"，让"中间生"有自信

所谓"中间生"，就是指学习能力一般的学生。在日常教育教学中，教师往往是"抓两头，促中间"。两头的学生总是更容易受到教师的关注，而对"中间生"的"放心"也在一定程度上造成了师生互动的不充分。"中间生"在复习阶段往往会自觉认真听讲，按照教师的要求做，但这一部分学生跟教师的关系总是淡淡的。他们主动查问题的意识不强，更不会主动向教师提问。

复习期间，教师应该主动加强对"中间生"的关注。课堂上多请他们回答问题，鼓励他们说清自己的解题思路和步骤，引导他们建构知识体系，还要多表扬他们的认真努力（当着同学们的面）；课下可增加一对一交流的次数，指导他们找到学科的增长点（某种题型、某种方法、某类知识）并帮助其制订切实可行的计划，帮助"中间生"提升自我，增强自信心，激发主动性。

（3）送一朵"激励花"，帮"后进生"守住底线

最容易在复习阶段自暴自弃甚至躺倒不干的就是"后进生"。他们也想努力，但苦于学习能力不足，遗留知识漏洞较多，没有办法跟上其他同学的复习节奏，所以往往复习前期决定改变，中期意志不坚定，后期灰心丧气。

规范要求、守住底线、持续激励、无条件关心是复习期间教师对"后进生"展开帮扶的秘诀。策略上帮扶工作可分为三个步骤：

首先，明确告诉学生"我想帮你"。让学生知道教师并没有放弃他们，愿意帮他们渡过难关；

其次，提供"必会知识清单"。让学生根据清单逐一掌握必须掌握的知识（在层级和能级上的要求需适当降低）；

最后，签订"每日过关契约"。以契约的形式让学生跟着教师的要求走，每日打卡基础知识，帮助他们拿下基础题。

通过以上三个步骤，教师便可以让"后进生"看到自己进步的可能性。只有当学生相信自己能够通过努力获得进步时，他们的学习积极性才会增强，才会变得自信起来。

（4）送一朵"暗示花"，让"临界生"有所期待

所谓"临界生"，指的是那种不管试卷难易程度如何，考试成绩的尾数总是8、9，难以迈上新台阶的学生。

这类学生需要的不是具体的学习指导，而是一种积极的心理暗示。我常和"临界生"开玩笑说："这次又是78，我准备送你2分，助你提升一个分数档，下次测试通过自己的努力还给我，好吗？"时间久了，教师一个肯定的眼神就能让学生心领神会，受到鼓舞。

这样的暗示不仅能够表达教师对学生的期待和信任，也会让"临界生"在复习备考期间更加努力。减少失误、多得一两分、提升分数档，成了他们美好的期待。

（5）送一朵"目标花"，引导学生和自己比

适当的目标能够给予备考的学生动力和方向。让学生根据目标制订复习计划，形成可持续、可调整的复习策略，学习的效果将更好。

如何确定考试目标呢？一般有三种方法可选择：第一种是设定预期分值。这个很难把握，毕竟试卷的难易程度会有变化。第二种是设定赶超对象。学生中间流传着一个口号叫"多考1分，干掉千人"，这就是一种赶超性的目标。但是，这很容易引起功利化的恶性竞争。比较合理的是第三种，即与自己比。引导学生和自己比，让目标变得更具体、更可控，激励作用也就更明显。

怎么与自己比呢？我建议学生在复习期间要回看上一次综合性考试的试卷及分析，重温以往的丢分点，回顾丢分的原因和可提分的项目（题型、知识结构等），这将有助于学生在本次考试中避免失误。如果真的做到了不该丢的分少丢甚至不丢，测试成绩必然会提升，学生的信心也会更足。

送学生一朵"小红花"，让他们带着自信迎难而上，积极面对各种难题。送学生一朵"小红花"吧，让我们一起为复习助力！

本章小结

电影《送你一朵小红花》还有另一重深刻的含义，那就是"爱与珍惜"。爱学生，珍惜与学生相处的机会。每一个在复习期间认真、努力的学生，都值得被奖励一朵"小红花"。只有这样，教师才能成为学生成长的参与者与关怀者，才能使学生认识自己、接纳自己、肯定自己，规划自己的人生，从而认真过好每一天。

聚焦矛盾，理清问题解决思路

一、学习问题，怎么破

1.学生自习课吵吵嚷嚷，怎么办

随着大家对课后服务重视程度的加深，学生的自习课数量不断增加，这也给班主任带来了自习课管理的问题。

"学生自习课吵吵嚷嚷，怎么办？"

要回答这个问题，我们首先要确定三个具体信息：

1）什么学段

2）几年级

3）男女生比例

所处学段能反映出学生整体的身心发展阶段和自控水平。

很明显，自主管理水平是高中段>初中段>小学段。

所在年级能反映出学生学习任务的紧张程度。

一般而言，毕业年级>起始年级>中间年级。

男女生比例能反映出自主管理的难度。

通常来说，男生较多的班级管理难度较大。

将这三个信息综合起来看，就能得出班级自习课管理和学生习惯培养的难度系数。以此为依据，班主任将形成清晰的班级管理定位。

◎难度小，上手快，见效明显；

◎难度大，需要的时间长，需要反复抓、抓反复。

那么，我们具体该如何帮助学生养成良好的学习习惯呢？我在此给出三点建议：

（1）目标明确

我们首先需要思考的是：我们想通过自习课培养学生什么样的能力？如时间管理、诚信作业、自主学习能力等。

班主任可以好好设想一下，通过自习课，我们可以培养学生个体和班集体的什么特质。我们要主动进入思考状态，寻找自习课与学生成长的关系。

深度思考，可以使我们的工作精细化。通过自习课，一个阶段（比如一个月）只侧重培养学生个体或班集体的一种能力，结合班会课和班级评价，树立班级榜样，再通过开展经验分享活动，形成积极的自习课舆论。

（2）任务优先

为什么大学生的自习课不需要教师在场管理？因为他们的自主性强、自觉性高吗？我看不一定。但可以确定的是，大学生有着很强的目标意识，比如考研、考级、考各种证。他们能够清醒地认识到：我需要学习。因此，自习课堂自然就安静了。

中小学生目标意识不强，如果脱离教师的管理，就会出现放松、发呆、讲闲话等情况。因此，在自习课开始之前，教师要统筹学习任务，在黑板上列出作业或学习任务清单，让学生明确知道自己要做什么事，用多长时间完成，能不能翻书，要不要上交。任务越明确，学生越安静。

一般情况下，时间与任务（数量和难度）设置为1:1.2最能促使学生注意力集中。还有一点要注意：作业本一定要提前发放到位，免得学生因为发放作业本而进入混乱状态。

（3）要求具体

教师和学生都要提高思想认识：自习课也是课，必须遵守上课的规范和纪律。

把上自习课当成休闲，人就容易放松，容易不自觉地讲起话来；把自习课当成上常规课，心理上就会多一重自我约束。

为了更好地维护自习课的纪律，我觉得至少有三个要求要向学生说明白：

● 独立完成作业，不与他人交流讨论

纪律的涣散往往是从讨论问题开始的。教师要告诉学生，因为自习课对自主管理的要求更高，所以不要轻易考验自己的定力。不与他人交流讨论是保障课堂安静最简单的方式。阻断了诱惑，学生就不容易突破底线。

● 遇到困难，做好标注；提前完成，自主安排

一遇到问题就想问，这是追求"即时满足"的一种表现，不利于学生的长远发展；提前完成任务，缺乏后续安排，自我满足，同样不利于学生的发展。

我们应当教会学生控制自己：如果遇到了问题和困难，先自己思考，解决不了的做好标注，下课后询问教师或同学；如果提前完成了任务，证明学生拥有较强的学习能力，学生就应该有更高的追求，可以通过自主安排给自己加任务，促使自己"更上一层楼"。

● 必要的奖惩是自律的保障

为自习课设置专项奖惩制度是必要的。自律的学生不多，靠班主任一个人管理也管不过来，所以应该通过建立奖惩制度加以规范。

奖，重在精神鼓励。

好的榜样会促使班级整体进步。学生的努力、认真，教师都看在眼里，将这些良好的行为树立为班级典型，通过奖励不断强化，将有助于学生自律。形式选择上可以奖励学生一节有趣的班会课、一些自由活动时间等。

惩，重在行为矫正。

先礼后兵，在2～3次批评教育无果的情况下，要果断改换思路。可将其带到单独教室或教师办公室进行自主学习，实行冷处理，让其先自我反思，再与其进行交流沟通。必要时，可与家长联系，做居家自习处理。

上述制度的建立，最好邀请学生参与，便于统一思想、达成共识。

课堂管理，有目标、有任务、有制度，才能见效。

2.为什么刷了那么多道题，学生的成绩还是上不去

最近我遇到了一个令我比较头痛的问题：有些学生一下课就开始写作业，一刻不停地写，除了上厕所，基本不会离开座位。他们还跟我开玩笑说："我们要内卷，卷得大家都疯狂写作业！"

我听了简直火冒三丈。

你一定觉得我在刻意炫耀！一定会说："学生这么爱写作业，难道不是好事吗？"可能还有教师会说："我的学生都不爱写作业！成绩怎么也上不去，比起你，我不是更应该头痛？"

那我也问你一个问题："刷了那么多道题，学生的成绩真的会提高吗？"现在我们就来聊一聊做题与成绩的关系。

（1）撕开表象：鼓励"刷"作业的背后，是什么心理

事实上，鼓励学生多刷题的教师是不专业的，因为作业与成绩之间的关系是很微妙的，过少或过多，过难或过易，都会影响学习效果。

反观家长，自从"双减"政策颁布之后，校内外学习时间比发生了巨大变化，家长能做的可能就是鼓励（甚至强迫）自家孩子多做一些课外作业。

这背后有三种心理焦虑：

● **看不得孩子停下来，好像只要孩子一休息成绩就会下滑**

注意，我在这里没用"放松"这个词，而是用了"休息"，足见问题有多严重。可是，没有时间休息的孩子，成绩真的会更好吗？

● **成绩不好是因为题目做少了**

这几乎已经成为了家长朋友的一种共识。你看，做了这么多道题成绩都不够理想（没有达到家长的心理预期），可见还需要再多做一些。可这样的方法真的有效吗？这只能让孩子成为没有感情的"刷题机器"。

● **我都是为你好，你怎么可以不听我的**

这个借口我想大家都不陌生。我为你好，不能输在起跑线，弯道要超车，临近终点还要奋力一搏……所以，收起你的逆反心，去刷题，去上网课，去参加变相的校外辅导。

我们也许从未意识到这三种心理会造成什么样的影响！但它们已经确确实实改变了我们的教育方法。

（2）分析现状：负面影响，谁承担得起

我来告诉你那些疯狂刷题的学生的学习现状：

● **下课在做题，上课在走神**

你一定会很惊讶，我班的学生下课都在写作业，这么用心，这么主动，上课怎么可能会不认真听讲呢？事实上，一个人的精力是有限的，下课学生如果没有充分地休息，上课就自然会缺乏学习的精力！中小学生的注意力集中时间有限，平均只有30多分钟，超过这个时间长度，即便学生想要学习，他们也会"忍不住"走神。

● **在课堂上写其他学科的作业**

课间短短10分钟，加上预备铃，有时还会遇到教师拖堂，你想想，这点时间能做几道题？你以为铃声一响，学生就能自动切换到下一个频道吗？根本不可能，他们只会想着法子继续悄悄地写作业（尤

其是遇到非考试学科的课时）。你能想象学生把作业本藏在操场，就等着体育课自由活动时去偷偷刷题吗？

● 看似做题速度快了，实则错误率惊人

你想想，课间匆匆忙忙做题，其效果能有多好？很多学生连题干都没审清就写上了答案，更别提灵活运用知识了。这样做题，不仅学习效果不好，而且会使学生养成不良的做题习惯。与其如此，不如不做。这就是我为什么不建议学生课间做作业的原因。

这样的情况绝不罕见，很多学生从小学高年级起，课间就"不会"玩了。这不仅会使他们养成不好的学习习惯，还会弱化学生的自我规划能力、时间管理能力、目标达成意识等。说白了，这会让学生逐渐丧失学习的内在动力！这样的恶果，谁能承担得起？

（3）面对现实：你愿意正视问题吗

为什么这么多学生选择在课间拼命赶作业呢？在与他们的沟通中，我找到了三个现实原因：

● 白天学校上课，晚上网上学习

为了孩子的成绩不下滑，不少家长都会督促孩子进行网上学习。于是就出现了学生白天忙于学校课程，学得筋疲力尽还要赶回家继续上网课的局面。这样一来，不仅休息时间不够，就连家庭作业他们都得在学校挤时间才能完成。

● 做完校内的作业，还有教辅书上的题目

有不少家长考虑到孩子的精力有限，没有再让孩子上网课，但这也是有条件的。既然没有上网课，那就多看些教辅书，多做题，至少一科一本。言下之意，你要么上课，要么刷题。

● 作业中错误多，订正所需的时间多，作业时间被压缩

这是一个恶性循环：因为赶作业，所以错误率升高了，教师要讲的错题增多了，学生订正错题所需的时间就更多了。可是，后续需要练习的知识点并不会减少，如此一来，学生的时间只能是越来越紧张，作业时间也将随之被压缩。

原因是多方面的，关键在于我们是否愿意协同家长正视自己的问题并做出改变。否则，学生还是会继续使用这种低效，甚至是无效的提分方式，劳神费力。

（4）承认一个真相：思维决定行为

"双减"政策让我们相信，基础教育阶段国家必将以更强劲的行动力促使教育回归"常识"。不管你对这一潮流适应与否，你的思维如果不转变，那你的行动就必然跟不上时代的变化。

教师要想让学生通过做作业提高学习成绩，那也要掌握一定的方式方法，以"精选会练"代替"刷题苦练"。

● 不要人为地把做作业与复习割裂开

很多学生总是觉得时间不够用，因为他们对作业的认知有误。我们需要让学生明白，做作业是为了巩固当日所学，检测自己的学习效果，查漏补缺，而不是为了完成某种学习任务。思想意识的问题属于源头问题，花再大力气纠正都不为过。家长和教师需要通过与孩子对话，帮助孩子认清作业的价值。

● 做题不翻书，做完再查看

这与第一点是相通的，如果我们认同作业的价值，那么做作业之前就会先复习，然后合上书和笔记，通过思考独立完成作业，有疑问

的或者不会的地方做好标记，事后再查阅书本。这一过程既是对知识的运用，又是在暴露学习问题，以便通过作业认清自我学习水平，随时调整。

● 不要看参考答案的解析部分

答案解析是从结论推条件的过程，即我知道了这个结果，一步步反推得出该结果的条件，而学生面临的问题恰恰是没有办法通过题干中的信息线索得出结论，这与解析是完全相反的思维路径，不利于学生解题能力的提高。让学生多与同学讨论或者向教师请教，学会由条件推结论，这才是正确的做法。

● 坚持订正错题

作业中的错题是很有价值的。首先，这些题是典型的，不管是选编的练习册还是自编的习题集，既然是教师推荐的，那题目质量一定是较好的。精做这些题，把错题弄懂，举一反三，效果会比狂刷新题更好。

永远记住：思维决定行为！落实上述四点，教给学生正确的学习方法，学生的学习效果会更好。

3.周末很忙的学生，在课堂上是什么样的

期末考试来临，学生的状态却不太好。大家是不是认为这一定是教师上课无趣、作业多、学生睡眠不足导致的？仔细一了解更奇怪：学生状态最差的时候并非周五，而是周一。

你为此感到疑惑：经过两天的休息调整，为什么学生周一的状态会是这样的呢？

学生一语道破："老师，您不知道我们周末有多忙吗？"

学生周末在忙什么呢？忙着上校外课。许多学生从初二开始就上一些语文、数学、外语、物理校外课，周末的时间基本被占满了。到了初三，更是所有科目齐上阵，不累趴下才怪。忙成这样，效果怎么样呢？

让我们来看看周末很忙的学生，周一至周五的课堂表现如何吧。

类型一：一知半解却自信心爆棚

因为周末进行了"超前学习"，所以自我感觉极好，心里"翘起了小尾巴"，觉得自己什么都会。

● 我是"画家"

课本成了他们的画册，各种神笔画作，甚至还有连环画，一幅连一幅，剧情紧凑（学生向我说明：有些画不是课堂上画的，是课间创作的，我很愿意相信他们，但也知道这不现实）。

● 眼高手低

总觉得教师讲的知识点太简单了，爱听不听，一做题就错。如果这些知识点在试卷上再来个改头换面，学生更是题题栽跟头。

● 窗外的世界真精彩

瞧！稍不留神，眼神就"飘"走了，看看窗外，听听鸟叫，下雨了他们一定是第一批发现的。

● 自主学习异变为刷题

个别学习能力较强的学生，确实已经早早弄懂了课堂上的知识点，我也不希望他们就这么干耗着，于是允许他们自主学习，然后就看到他们拿出了《期末复习宝典》。说是宝典，其实就是各类真题的集合本，刷题成了他们自主学习的首选方案。

类型二：完全不会却毫不担心

周末，学生在非正式群体中参与学习，听与不听、听进去多少、听懂了多少完全取决于学生自己，有时候甚至走神了他们都全然无感。这样的学习，效果必然是不好的。可即便自己什么都不会，他们也毫不担心。抱着这种态度的他们，在课堂上又是怎样的状态呢？让我们走近看一看。

● 依赖性"躺"学

学生认为自己有非常好的退路：课堂上没认真听，不要紧，周末自有人辅导他；笔记没有记，不要紧，周末自有辅导老师印好讲义给他；考试没考好，不要紧，网上视频讲解课一找一大把。

● 习惯性厌学

7天学习，全年无休，从早到晚，周末比工作日更辛苦，寒暑假更是刷题不停，听课不止。所以这些学生常常表现得很麻木，没有情绪变化，既不失望也不抱希望。

周末无休只会使学生失去求知欲和表现欲，降低课堂参与度。课内是根本，课外辅导只是一种补充！

总攻略：周末应该忙"对头"

学生周末当然应该忙起来，但不是盲目地刷题，听辅导性的课。那学生的周末究竟应该忙什么呢？

● 忙建构知识体系

一周5天，各科教师都讲解了许多知识点，它们就像一颗颗珍珠，需要用链子串起来才能发挥更大的价值。学生应当趁周末建构各学科知识体系，根据单元主题、分类专题进行整理，建立知识和知识之间的联系。

● 忙梳理一周错题

学习不在于做多少新题（特别是复习阶段），新题是永远做不完的。其实，各个题目的内在逻辑和知识点是相对固定的，学生应当趁周末把本周各科错题拿出来，认真分析错误的原因，找准题目中的考点加以梳理，彻底弄清错题及其变式。

● 忙专项突破

在建构知识体系和整理错题的过程中，学生会发现自己的不足。真正的增长点就藏在这些不足里。如果自主学习能力强，学生就可以在自己的参考书、练习册里寻找相关练习，进行对应训练；如果学习能力一般，难以独立完成练习，学生也可向他人寻求辅导帮助，针对自己的弱项进行提升训练。

● 忙综合运用

综合题、运用题难度较大，因为它们不是考查单一知识，而是在考查关联性知识的综合运用，只知其一是无法解开题目的。所以，需要提优的学生就可以在周末做一些综合运用训练，而不是超前学习。

比起低头赶路，抬头看路对前进更有用。当我们全身心投入到学习中时，我们不妨想一想，自己的学习方式是否符合学习的规律。

4.复习连环计，如何从教师精彩到学生出彩

期中、期末的复习指导工作一直是班主任管理工作的难点。如何才能使复习指导工作变得有效并且有趣呢？这就需要我们将考试放到整个系统学习中去思考。通盘考虑，我们就会发现，在考前、考中和考后，我们都有大量有意义的工作可做。

在此我们不妨先问一问自己：在考试前后，班主任与任课教师各自的角色和分工是什么？班级多学科综合发展与班主任任教学科专项发展之间的关系是什么？如何平衡学生的自主复习和教师的指导复习？怎样激励学生，促使其成为更好的学习者？……

弄懂这些问题背后的逻辑，我们的复习计划才能更加有效。

（1）有效干预，搭建学习"脚手架"

在考前的复习中，教师应当为学生搭建三类"脚手架"：知识支持架、心理支持架、氛围支持架。

● 知识支持架

复习阶段的知识学习不同于新授课阶段的知识学习，教师可以分学科为学生列出复习清单，根据学科特点以框架式或条目式呈现所教知识。这样的导向式复习清单，能将复习目标、学习进度和能级要求明示于学生。

学生结合复习清单进行梳理，查漏补缺，分析自己的强项和弱项，针对弱项制订具体的补缺计划，做到有的放矢。复习清单也为学生自主复习计划的制订提供了参考，学生可根据教师提供的复习清单确定复习的进度和内容，确定每晚和每周末复习的具体安排。

教师在引导学生进行课堂复习时，也应该围绕复习清单展开，分层落实，发挥学生与学生之间的督促作用。如果时间充裕，教师可提前邀请部分学生参与复习清单的制作，让学生说明各章节学习的难点，以便为学生寻找更有针对性的复习资源。

● 心理支持架

复习是一场心理战，"优等生"目标高、压力大；"中等生"刷题多、变通少；"后进生"基础差、提效慢。平时学习上积累的问题，在复习期间会更直白地暴露出来，学生容易变得心烦气躁，需要强大的心理支撑。

班主任应积极建立主动、会动、能动的复习机制。同时，一定要维护学生在学习上的安全感和自尊感，特别是对学习有放弃念头的那部分学生，教师要积极引导他们只跟自己比，正视自己的不足，积极补缺。

● 氛围支持架

复习氛围的营造是良好班风建设的重要内容。我们首先应该关注的是学生个体，观察他们是否积极、主动、投入地参与复习。同时，我们要重视学习小组的打造，给出具体的活动方案，激发团队复习的动力，使团队充满活力。

赋予团队活力的方式多种多样，班主任可根据自己所带班级的现实情况进行取舍：打造学生师徒，培养金牌小组，开时间管理分享会，成立班级"智囊团"，编印目标达成卡，制作复习自评激励条等。

（2）榜样效应，施加同辈影响

复习期间教师应该尽可能地发挥学生榜样的模范带头作用，以班会课为平台，让学生分享经验。可以围绕个人的复习计划、笔记和错题整理技巧等内容展开交流。

（3）期待效应，成就最长情的告白

我相信，大部分学生都是十分愿意按照教师的期待来重新塑造自我形象，调整自己的。因此，不管是在平时，还是在紧张的复习期间，教师都应对学生有所期待。这种期待中，融合了教师对学生的尊重、关心、信任和爱。

● 身心陪伴

复习期间班主任要时刻关注学生的身心状况，时常给予学生信任的眼神、欣赏的微笑，观察学生的精神风貌，有意识地询问其睡眠状况。这些都能帮助我们了解学生的学习情况，把握复习节奏。

考试当天，教师更应该关注学生的身体状况。早一点到校，在班里四处转转，问一问学生的早餐进食情况，观察一下有没有闹肚子的学生，提醒学生带上水杯，考试过程中适当喝一些水。

● 临场指导

开考前，班主任就不要再与学生聊学习了。这时可以提醒学生检查一下该带的文具，强调一下答题规范和书写要求，针对不同类型的学生（如骄傲型、马虎型等）做出具体的临场指导，以提升他们的应考技能。对个别不自信的学生，不妨走到他们身边，耳语几句或拍一拍他们的肩膀，会心一笑给予鼓励，或许会有不一样的效果。

● 全局意识

各科教师，特别是班主任，一定要有考试的全局意识，不要在学生考完某个学科后就开始追问考试题目和答题情况，使学生紧张或失落。期末考试是综合性的，我们要尽量让学生考一门放一门，稍做休息后好好准备下一场考试。

当学生主动说起有几道题做错了的时候，教师可以从试卷的整体难度和个别题目的创新角度出发，引导学生认识到"你难别人也难""不必过分纠结已经过去的事情""关注自己可以把握的部分即可"等，帮助学生尽快调整心态。

眼神、对话、表情……总有一种方式能让学生感受到我们的期待，从而将这份期待内化为自身前进的动力。

（4）以专业的分析帮助学生

对于考试，学生的观点、家长的观点与教师的观点是不一样的。这时，作为学习"领头羊"的教师就要为各方提供自己专业的分析，帮助学生总结经验教训，帮助家长找到助力方式。

● 科学总结

考试结束后，随之生成的教育资源值得我们深入挖掘。贡献率、学生个体浮动情况、学科失分点……这些都是教师和学生谈成绩的重要资源。

对这些内容进行科学分析，远比关注分数本身有意义，它们是指导师生发现问题、调整方法的重要依据。引导学生正确归因，也是教师考后的重要工作。

一般来说，学生考得好的时候，往往会倾向于向内归因，即认为是自己的功劳；学生没考好的时候，往往会倾向于向外归因，即认为是试卷难度过大或其他原因致使自己考试失利。此时，教师不宜随意评价学生在考试中的发挥，而应该引导学生客观、全面地分析，肯定优势，明确不足，寻找提升点。

在构思具体的应对策略时，教师不妨通过问卷调查、访谈等形式，鼓励学生进行同质或异质交流，提升认同感，相互鼓励、相互借鉴。如果可以，最好让学生明确提出需要家长和教师提供怎样的帮助。

● 三方合力

肯定了优势，找出了不足，制定了应对策略，接下来就要开始新一轮的学习了。新的学习必然需要多方合作，如此才能让学习效果达到最佳。

关注学生的内在需求，分层满足，把握需要层次理论；

因材施教，抓住教育契机，让学生获得尊重感和信任感；

开展家校合作，通过家长群开设"线上家长课堂"；

设计问题串，引导学生进行自我追问，走出"原地踏步"状态；

完善制度，建立教师、家长支持系统；

巧设积分制，评价师徒结对和学习小组的效果，发挥鲶鱼效应；

召开班级表彰会，进行经验分享，发挥榜样作用……

任何一种有意义的尝试，都能让班级通过考试焕发新的生机。通过对考试展开科学分析，我们可以使学生相信自己拥有变得更好的能力，使学生掌握自我提升的方法并执行，使学生学会在行动中主动寻求帮助并帮助他人。这样一来，考试便有了更多育人的意义。

教师须谨记：复习迎考、考场发挥、考后分析，每一个环节对培养学生的学习能力都至关重要。

有了这样的复习连环计，还怕学习效果不好吗?

5.平时都会，考试就错，怎么办

随着期末考试的临近，复习工作接近尾声，学生对知识的梳理和学习框架的构建基本完成。所以在期末最后几天的课堂上，教师可以考虑采用"限时测试法"带领学生查漏补缺。

所谓"限时测试法"，其实很简单：布置测试任务，约定测试时间，提醒铃一响，所有学生停止作答，想第一时间让教师批改反馈的学生直接把答卷交到教师手里，其他学生则交到讲桌上，教师在收到答卷后，立即开始利用课间时间进行面批。

面对考试，师生都需要有效刺激。我特别享受被学生包围着面批的感觉，那种快节奏、高效率带来的欣喜与紧张兼具的复杂心情，会让师生一起惊呼"做得太棒了！"，或感叹"这题不该错！"。这种成功的体验或失败的教训，是复习中的一种有效刺激。

当我还在为此感到欣喜时，学生却向我提出了一个问题："平时作业都会，一到考试就出错，这可怎么办啊？"

这个问题，相信不少教师都遇到过。情形相似，原因却各不相同。想要解决这个问题，我们得从学生的学习风格和学习方式入手。

（1）课上听懂了

课堂上，教师通常会采取创设情境、循序渐进、提炼板书等方式展开教学，帮助学生巩固已学知识，同时为后续要讲解的知识做铺垫。教师的"教"是学生"学"的"脚手架"。

教师一步步引导，通过各种方式帮助学生打通思维的纠结点，听懂讲解。这种引领式思考与独立式思考是有区别的，因此学生的"听懂了"也未必就等于学会了。

课上能听懂，还有一个原因，那就是有些教师常常会带着学生从已知的结果倒推解题的步骤。这样一来，理解的难度就降低了。但是，这种方式会对学生思维的主动性造成影响，弱化学生分析条件与条件之间关联性的能力，这也是绝大部分教师都不赞成学生使用网络搜题或查看参考答案解题的原因。

（2）作业会做了

作业的作用是帮助学生巩固与运用当天所学的知识，所以作业中的题目表述与课堂例题总是有一定的关联性，学生会有熟悉感。只要课堂上听懂了，学生做作业时就会感觉很容易，因为此时学生是在仿照例题的解题思路进行自我练习。

另外，作业中的题目通常聚焦在一个知识点上，它侧重于对单一知识点的理解和掌握，而考试中的知识点是综合的，侧重于运用。所谓考点情境，就是把各种规则和概念糅合到一道题当中，条件与条件之间有很强的逻辑关联。这也是作业题与测试题的区别所在。

我们必须清楚：现学现用不等于综合运用，更不等于灵活运用。

（3）考试出错了

考试一来，高压氛围就形成了。学生在考试中频繁出错，主要有以下三种原因：

第一种，欲速不达。

考试时间有限，学生担心自己写不完，也一直担心后面有难题，所以会不自觉地提高做题的速度，一着急，思维的严谨度就下降了，于是会的题也做错了。要知道，书写的速度不等于思考的速度。

第二种，应变能力不足。

经过系统复习，学生在考场上看到任何一道题目都会有似曾相识的感觉。熟题新考，易出错；新题熟悉，解不出。这是因为考题往往对学生的应变能力有较高的要求。

第三种，心理调适有困难。

学生解不出来题目，往往只是卡在了某一个步骤。只要这一步通畅了，这道题就会做了。可在考场中，许多学生都会"钻牛角尖"，跳不出当下的解题思路，没办法变换思考方向或方法。

考场状态不等于日常做作业的状态。了解了学生的学习风格与学习方式，我们就能够理解为什么学生平时做作业都会，可一到考试就容易犯错了。

那么，如何破解这一局面呢？我有三点建议：

● **从关注考点到关注试题情境**

考点是单项的，可试题情境是综合的。由于进行了大量考前训练，学生考试时会有明显的考点意识，但越复杂的试题情境，条件与条件之间的联系就越隐蔽，越需要冷静地分析。

在复习时，我们不仅要知道某道题考的是什么知识点、怎么考的、考到了什么程度，还要知道这个知识点还可以以什么样的方式考，结合哪些知识点联合考。这样一来，随便试题情境怎么变化，我们都具备了应对的能力，可以准确找出题干中问题与条件的关系，在考场上举一反三。

总而言之，关注试题情境更容易提高做题的准确率。

● 掌握应试技巧，提高应试能力

考试是一门技术活，除了必要的知识储备，学生还需要掌握一定的应试技巧，以便提高应对考试的能力。

◎拆分题干，学会审题。

这个方法虽是老生常谈，但非常有用。我建议大家在做题的时候，用一把尺子压着题目，用心审题。由于试卷的排版和文字量，学生很容易读错题，读岔题。用尺子压着题目的尾行线，更容易将目光聚焦在当下要解答的这道题上，减少干扰。

◎圈画关键词，首尾要呼应。

圈画关键词是学生都熟悉的做法，他们常常一看到关键词就觉得"稳了"，可题目中的关键词（关键条件）往往不止一个，这时就需要对题干信息进行综合考量了。

◎逆向思考，以答案验证条件的合理性。

有些时候，我们已经有了自己的答案，但是不能确定，重新思考一遍又会浪费大量的时间，最好的方法就是进行逆向倒推，找出主要解题步骤在题干中的对应条件，看是否清晰合理。

◎用好草稿纸，让检查有迹可循。

很多学生寄希望于检查时发现错误并改正，但检查如果不能参考初次解题的痕迹，学生就只能重新再做一遍题目，费时费力，效率低下。此时用好草稿纸就显得尤为重要了。解题时在草稿纸上留下清晰的做题痕迹，检查起来才更容易发现问题。

● 运用积极暗示，主动调整心理状态

考场上学生最容易出现的两种不良心态就是"强科争强"和"弱科紧张"：越是自己擅长的科目，越觉得自己有能力考好，越

希望和同学一争高下；越是自己不擅长的科目，越担心自己考不好，在哪个题目上卡住。这两种心态都不好，都会让学生无法专注于答题。面对这一问题，学生需要寻求积极的心理暗示，让自己以平常心应对考试。

学生在考试中遇到困难是很正常的，因为考试除了具有评价和激励功能外，还具有一定的甄别和选拔功能。

在此，我提供三个小技巧。

◎喝一小口水。

摄入一定的水分有助于我们进行思考，集中注意力，还能让我们从面对难题的烦躁情绪中短暂抽离出来，减轻心理上的紧张。

◎肌肉放松训练。

如果你意识到自己很紧张，那就试一试将全身所有能控制的肌肉收紧，深深吸一口气，然后慢慢吐出，直至全身放松下来。或者你也可以尝试咬紧牙齿，待感到两边脸颊的肌肉绷紧了，便在心中默默从1慢慢数到10，然后松开牙齿。

◎说说心里话或动作暗示。

多对自己说说心里话，比如："我做不出来的题别人也不一定会""我就算丢了这道题的分数，如果把会的题目都做对，分数应该也还可以"。或者不时翻看一下自己已经做出来的题，给自己打打气，从而减少考试焦虑。

关注试题情境，掌握应试技巧，巧用积极暗示，学生将"更上一层楼"。

二. 成长问题，怎么破

1.遇到"油盐不进"的学生，怎么办

当谈到学生管理时，我们会首先想到那些调皮捣蛋的学生，而在这些学生中，又有极个别学生"油盐不进"。

不少教师都会问我有没有遇到过这样的学生。答案是肯定的。不仅遇到过，而且每届都会遇到。这是真实的教育困境，我想没有教师可以避开。

那么，当遇到了这些"油盐不进"的学生时，我们到底应该怎么办呢？

首先，我们必须明白一点："油盐不进"，必有因。

学生不是一张白纸，在入学前，他们已经受到了家庭教育的影响，也经历了幼儿园教育与小学教育。就中学教师而言，我们接触学生的时候，他们已经身处叛逆的青春期了。

学生"油盐不进"是多种原因共同作用而成的。所以，先别着急上火，别和自己过不去。

经过我的观察，通常会有这样三类原因，导致学生"油盐不进"：

◎身心发展异常（由先天或后天生理因素造成）；

◎自尊感严重缺失（缺少底线教育，以异样为个性）；

◎自我防御过强（曾经受到过教师或家长的伤害，只能假装满不在乎）。

如果教师不去了解学生"油盐不进"的真实原因，那么想管好这类学生几乎是不可能的。

具体怎么办呢？我有三点建议：

（1）真诚接纳是前提

在这三类原因中，身心发展异常是需要家长送医的，这超出了班主任的能力范畴，必须向专业团队寻求帮助。但是，对于低自尊感和防御心理过强的学生而言，教师的真诚接纳将大大促进他们的转变。

学生既聪明又敏感，教师是否真的理解他、心疼他、保护他，还是只是为了管理他而刻意表扬拉近关系，学生心里一清二楚。

冰冻三尺非一日之寒。每一个"油盐不进"的学生，都有一段不为人知的过往。我们不知道这个学生究竟经历过什么，是家长的打骂，还是教师的苛责？能打动这类学生的，要么是教师持续、温和的关注，要么是暴风骤雨般强烈的情感冲击。

记住，真诚比讨好更有效。不要以为假装喜欢可以打动一个学生。相比之下，教师坦诚地向学生指出问题、表达担心，更有可能唤醒一个学生的改变之心。

（2）"油盐不进"，试试"酱"和"醋"

这个建议比较形象，好理解。既然"油盐不进"，那就要换配方、换切口、换方法。

具体而言，可从以下两个方面着手：

● **换人沟通**

学生"油盐不进"的态度通常都是指向班主任或经常批评他的

教师，换个教师也许就能找到沟通的入口。班主任不妨请这个学生喜欢的任课教师与之谈心交流，以求敲开学生的心门。

● **换角度沟通**

很明显，我们通常是为了矫正学生的问题行为而在学生那里吃了闭门羹。

对这类学生，我们要降低标准，看到其有了点滴的进步要及时表扬（私下表扬效果更好）；看见学生有了变化，要明确表达出你的感受，哪怕是一个微笑、一次点头、一句问候，这样也许就能促成冰山的融化。

相比改变学生，教师主动改变会更容易一些。所以，如果原来的方法不成功，那就试着换一个思路。

（3）尽力而为，也要接受教育的有限性

学校教育有很明显的阶段性，它不像接力赛中的交接棒，能一棒一棒地往下传。

教师就是教师，即便我们时常会为了学生的终身发展而殚精竭虑，我们仍然不可否认：我们既不曾参与学生的过去，也无法陪伴他们的将来，甚至即使在当下，也不可能替代他们的父母。

教师的精力是有限的，我们不能总盯着"油盐不进"的学生，尽管他们确实有极强的存在感。我们需要关心班里的大多数学生，以此营造积极上进的班风；我们也需要关爱自己和家人，以此换取内心的平静。

我们要承认：学校教育有它的局限性，它不是万能的；它还有很强的滞后性，其作用的发挥程度受到环境和学生心智成熟度的影响。

这样，我们才会明白，自己（教师）也不是万能的。我们不能总想着改变所有学生，面对"油盐不进"的学生，我们也会有无能为力的时候。我们能做的就是不抛弃，不放弃，静待花开。这样的教师，已经足够了不起了！

2.学生总是推卸责任，怎么办

身边不少年轻教师都向我表达过这样的困惑：

"沈老师，我最近在管理学生午休的时候，发现有的学生在午休时总会打扰其他学生睡午觉，在我准备教育他的时候，他的第一反应却是把所有的责任推到那些被打扰的学生身上。"

我很高兴看到年轻教师发现、思考问题，这是我们职业成长的起点。学生总是推卸责任，这涉及学生责任感培养的问题。

事实上，这不是个例。不少学生，早上起晚了，怪家长没有叫醒自己；作业写错了，怪课代表没有写清页码；和同学闹矛盾了，怪对方先惹事；考试没考好，怪时间紧、试卷难……

这种凡事向外归因，在别人身上找问题的行为是怎样产生的呢？我认为主要有以下三个原因：

● 保全面子，减轻压力

遇到问题时，学生真的不知道自己做错事了吗？实际上，他们心里比谁都清楚，只是不肯承认，不愿直接面对罢了。如果教师当着其他人的面指出他们的问题，那岂不是很让他们丢脸？因此，他们会通过推卸责任来维护自己的面子，降低自己应该承担的责任系数，让自己处于一个安全的心理环境下。

心理学中有一个词叫"归因偏差"，说的是人们习惯于把自己的成功归因于内部因素，而倾向于将自己的失败归因于外部因素，让别人替自己"背锅"。

把责任转嫁出去，自己的问题就小了，面子也保全了。这种归因方式，其实对于人的心理调节和自我防卫是有利的。

● **规避责任，避免受斥责、被惩罚**

面对孩子的错误，特别是反复出现的问题，成人（包括家长和教师）的处理方式大多是训斥、惩罚，长此以往，孩子会变得压抑、焦虑。

这些消极的、负面的体验会不断强化孩子推卸责任的行为。因为如果推责成功了，自己能免于责罚；即便不成功，内疚感也会减少。

● **成人不恰当的示范与日常包办**

举一个很常见的例子。当孩子开始学走路时，摔跤或被绊倒是非常正常的事，可一旦孩子因此而哭泣，很多家长就会拍桌子、拍凳子，边拍边念叨："都是桌子（凳子）不好，把宝宝绊倒了，打你！打你！"怎么样，你对这一幕是不是很熟悉？

再举一个校园里常见的例子。在集体活动中，自己班级的学生和其他班级的学生发生了矛盾，班主任多半会想方设法地找到对自己学生有利的解释，这种行为俗称"护短"。

以上两个例子中成人的示范都是带有误导性质的，会让孩子逐渐养成一种遇事向外推、不反思的思维模式。

至于日常包办则更是常见。孩子受人欺负了，家长第一个冲出来；学生遇到麻烦了，教师也是第一时间想办法帮忙解决。很多孩子连忘了带作业本这样的事情，都想不出一个解决方案，只能眼睛盯着教师，然后说："我妈没把作业给我装进书包。"

成人万事包办，最终只会导致孩子变得以自我为中心、不负责任。

面对学生习惯性地推卸责任，教师可以怎么办呢？

◎说话留余地，面子要保全。

学生承认错误、承担责任需要不小的勇气。因此，我们在选择谈话的场所时一定要慎重。不宜说："某某同学，你到我办公室来一下。"这句话一出，学生就会有所防备，甚至可能直接进入"攻击状态"。

选择一个使学生感觉安全的场所，没有外人在，彼此保密。如果谈话的目的是给学生减压，可选择操场、走廊、校园小花园等环境优美的场所；如果是要谈较为严肃的问题，谈话的目的是矫正学生的不良习惯，就选择安静的室内。

◎停止指责，认真倾听，引导学生表达情绪。

出于职业习惯和角色权威，教师容易对学生的行为做直接判断。"你又在讲话！""又是你在捣乱！"这样的发言使教师成了评判者，必然会引起学生的反感。

你不妨尝试这样说："我看见你刚才……是发生什么事了吗？"或者"刚才你……能跟我说说原因吗？"这样一来，你就成了学生的倾听者，给了学生说明原因、陈述事实的机会。如果学生在陈述时归因还有偏差，不要急着拆穿他或是发表自己的看法。

◎理解学生的行为动机。

越是问题行为，成因越复杂。尽管站在教师或家长的角度看，学生的很多解释都是在狡辩，但学生这么做，一定有原因。以干扰其他学生午休一事为例，如果教师认为学生是在捣乱，再联系到自己多次强调过午休纪律，那必然会发火，学生为了逃避责罚，就会推卸责任；如果教师试着理解，学生是因为睡不着觉又想和同学玩，"打扰"是一种交往的需求，只是时间、场合和方式不恰当，那么教师便不会如此气恼，也更能用平和的态度教导学生。

在日常接触中，教师要多去了解亲子交往中家长对待孩子的教育方式和态度，因为孩子就是家长的一面镜子，有些坏习惯（如推卸责任）可能正是学生在家庭教育中养成的。这样想来，教师对学生也会多一些包容、多一些耐心。

我们只有理解了学生的行为动机，才能够以适宜的态度教育学生，让学生知道教师是尊重他、保护他的，使学生更愿承担责任，寻求进步。

◎及时肯定学生担责的勇气。

动机强化理论表明：人的行为均有一定的动机，但人的动机是不稳定的、易变的，要延续某种行为，则需要及时对产生该行为的动机加以强化。强化有正负之分，正强化对动机起巩固、加深的作用，负强化则相反。它们均会以一定的方式引起并维持人的某种行为。

因此，在日常交往中，教师要鼓励学生多多思考"一个勇于承担责任的人是什么样的"。我们可以借助学生熟悉的动画人物、影视作品、社会中真实的榜样事迹等帮助学生深化思考；可以拿学生本人以往勇担责任的具体行为来举例，用教师或家长的相关表现来示范；还可以通过为学生创造一些需要承担责任的岗位，开展一些体验性活动，让他们在实践中成长，正向强化其行为动机。

冰冻三尺非一日之寒。学生的每一个日常行为都值得我们关注。从小事入手，帮助学生逐渐成长为勇于承担责任的人。

3.学生打架，怎么办

"天干物燥，小心我闹；心烦气躁，一点就着。"

怎么样，这句话所描述的对象是不是很像你班上的"毛头小子们"？作为班主任，我们总是要处理许多学生间的打闹事件。用"打闹"而不用"打架"，一是因为事件本身的恶劣程度还没有达到打架的层面；二是因为中学生在人际交往过程中，情绪控制不当也属正常情况，在可控范围之内，无须谈之色变。但我们仍应引起重视，认真面对。

中学生，尤其是中学男生，为什么喜欢用打闹来解决问题呢？

12～18岁的学生正处于青春期，一方面，青少年会因本能冲动而变得易生事；另一方面，青少年面临新的社会要求和自我发展要求，容易感到困扰，变得敏感而好斗。

当中学生在人际交往中遇到问题时，他们往往站在自己的角度片面地看待问题，非此即彼，非黑即白，一定要与争执对象争个高低。再加上某些成人和社会的影响，他们在行动上就会缺乏理性思考，不计后果。

从结果来看，不论是先动手的还是后动手的，都会在这种打闹中成为受害者。从有理变成无理，从自护变成伤人，从玩笑变成对峙，两败俱伤。

当打闹事件发生后，教师应该如何应对呢？

不妨先听我说说我近期遇到的三起"可爱"的打闹小事件。

事件一

两个好朋友，报了同一个社团，平时有说有笑，某天放学后却突然对对方大打出手。打完后各自回家告诉了父母，父母问其打架的原因，两个孩子都说记不清了（或许是为了规避责任，或许是为了给彼此一个台阶下）。双方家长很紧张，于是都联系了班主任，班主任及时安抚了家长的情绪，表示第二天会进行处理。可到了第二天，两个孩子又有说有笑地在一起玩了，至于昨天为什么打对方，早已说不清了。

事件二

劳动委员按照值日表和卫生要求安排学生值日。学生A不肯打扫卫生（且不说明理由），劳动委员拉他，学生A还手，劳动委员反击……两人扭打起来，被班主任看到了，班主任将两人拉开，两人依然试图用脚互踢。

事件三

学生B正在聚精会神地用笔搭小塔，学生C走过去吹了一口气，笔塔瞬间倒塌。学生B生气了，站起来打了学生C一巴掌，学生C还手……两人打了起来。从身高、体重来看，两人实力悬殊，于是其中一个张嘴咬人，另一个拿尺子还击，幸好被同学及时发现并拉开了。双方都受了点皮外伤，也都受了"内伤"，因为他们都觉得自己没错，自己才是受害者。

唉，我可爱的学生们！你们处理问题的方式怎么就这么简单粗暴，让人哭笑不得呢？

那么，针对这种问题，我们究竟该如何处理呢？通常情况下，我会分为三个步骤。

第一步：分析事情的性质，判断是否需要教师介入

当学生间出现打闹或打架事件后，班主任首先应根据实际情况分析该事件的性质，判断是否需要教师介入。

●学生间的小打小闹，不需要教师介入

学生平均每学期在校近 100 天，每天在校时间超过 8 小时，如此长时间地相处，彼此之间难免会产生摩擦。而且，校园生活追求"静"，处于青春期的学生，情绪波动大却难以找到合适的宣泄途径。因此，在产生摩擦后选择以武力相对，虽然会让很多教师感到头痛，但确实该被理解。这种行为自发形成，也极有可能自动停止。

正如事件一一样，两个孩子都说不清打闹的原因，极有可能就是一两句话让彼此不愉快就打起来了。当教师知道这件事情的时候，他们甚至已经有说有笑地玩在了一起，这也足以说明，这次冲突原本就是小打小闹。

教师不介入学生间的小矛盾，其实正是给学生提供了积累个体交往经验的机会。学生在打闹中形成自我的交往模式，随着年龄增长，他们会慢慢知道自己应该以什么样的方式与人和谐相处。教师的介入可能会人为阻断学生经验获得的路径。因此，在这些小打小闹面前，教师不妨做一名观察员，待事情过去后，再与学生交流，稍做引导。

●教师解决不了的问题，教师不单独介入

有些学生打闹事件性质比较恶劣，甚至可能会造成一定的人身伤害，且有再次发生的可能性。比如事件三，两个学生均受了皮外伤，

身体发肤，受之父母，哪个父母不心疼？如果处理不妥当，学生回家后隐瞒自己的过错，只说自己受到了同学的欺负，那可能会造成更大的教育矛盾。针对这种隐患过大的问题，我们应当第一时间了解情况，反馈给学生的监护人，联系校医处理伤口，多方合力解决。

再者，近几年因人际交往问题而引发的校园霸凌事件频频曝光。这种情况不适合教师（尤其是班主任）单独介入处理，因为一旦牵涉到学生的人身安全，仅凭班主任一人之力是难以妥善处理的。此时，我们就需要向学校相关部门反映，配合处理。若真是校园霸凌事件，还应考虑上报相关部门，依法依规处理。班主任盲目揽责，只会使事情变得难以收拾。

第二步：若确定需要介入，教师须发挥正向作用

如果经分析后，教师确定需要进行干预，那么必须发挥正向作用。我们肯定是希望发生矛盾的两个学生握手言和、不计前嫌的。那么怎样才能让两个正在气头上的学生重归于好呢？我认为可从以下三个方面入手：

● 多方打探，查清打闹原因

班主任若想介入打闹事件，首先就要了解清楚打闹原因。

比如事件二。劳动委员严格"执法"，对不愿打扫卫生的同学提出明确的要求，这本没有错，错在不愿打扫卫生的学生A。但如果是因为劳动委员提要求时言辞不当，致使学生A不满，使原本没理的学生A反倒有了理，那双方的互斗扭打就没有占理的一方了。再退一步看问题，学生A平日里性格温和，做事踏实，今天突然不愿意打扫卫生且变得如此易怒，会不会有自己的原因呢？虽然这个原因可能很幼

稚，但却是我们应该去了解的，这样才能引导学生A排解自己的不良情绪。

再比如事件三。学生C吹倒了学生B的笔塔，是故意的吗？没错，他就是故意的。但是这故意吹倒的背后有什么原因吗？也许是学生C想和学生B一起玩。在一种不恰当的接近方式下，学生B没能理解学生C的出发点，主动出手。原本学生B是有理的，但先动手，使得自己也成了过错方。互不相让的结果就是两败俱伤，得理不饶人也只会使自己的维权行为变成无理取闹。

教师在处理打闹事件时，一定要先控制好自己的情绪，多方打探，了解事情的全貌，查清打闹的原因。

● **确认责任人，适当惩戒**

等了解清楚情况后，谁是责任人应该就比较清楚了。

事件一，不需要处理，只需要对两人进行适度口头批评，让两人认清自己不理性的行为以及给其他同学带来的负面影响即可。

事件二，劳动委员如有言辞不当的地方，则要接受相关班委培训，因为以后他还会遇到类似的情况；学生 A 不打扫卫生，还出手打人，需要适当惩戒，补做分内的卫生工作，在一定时间内协助劳动委员展开工作，以提升其思想认识。

事件三，学生 B 和学生 C 需要根据各自的问题，主动接受相应的惩戒，因为他们不仅伤害了自己和对方，更给其他同学带来了负面影响。

● **疏导情绪，观察变化**

适当施以惩戒之后，很多教师会以为管理工作就此结束了。其实，真正重要的工作才刚刚开始。

惩戒只是一种手段，是为了让学生对自己的冲动行为负责，更是为了让学生学会控制自己的情绪，三思而后行。

学生究竟能不能理解教师的良苦用心，是否能真正意识到自己的过失，这需要教师进行后续观察。

教师应关注学生的情绪变化，责任有不同，情节有轻重，教师要疏导打人者和被打者双方的情绪，观察其心理变化。判断双方（特别是被打者）的情绪是否得到了宣泄，是否能主动和好。班主任也可以据此判断是该即刻就要求两人握手言和，还是该暂缓处理，待其自动和好。

总之，在介入过程中，教师应该发挥自己的正向干预作用，处理好事件本身，指导学生调整自己的人际交往方式。

第三步：做好集体教育，树立良好班风

打闹可能只是几个人之间的事，但事件的影响却往往波及全班。如果班里出现了打闹事件，班主任一定要坚持个体教育与集体教育相结合的原则，加强班级集体教育，树立好和谐相处的良好班风。

打闹事件的影响是巨大的，如果教师只是处理了打架双方而未进行集体教育，班里的其他学生就有可能会效仿，认为这是处理问题的合理方式。

班主任可以将这些事件拿出来让全班学生客观地谈看法（千万不要开成对涉事学生的声讨会），带着学生一起分析事件背后的原因和可能产生的后果，让学生谈对用打架来处理问题的行为的看法，谈在发生人际冲突后应该怎样控制情绪、解决问题。

强化班级和谐相处的理念，树立良好的班风，打造文明班集体，

这样既有助于班级今后的发展，又能避免打闹事件反复发生。

打闹并不可怕，只要处理得当，抓住每一个教育机会，让事故成为故事，我们定然能打造出和谐融洽的班集体。

4.假期计划执行不好，怎么办

年年岁岁"假"相似，岁岁年年人不同。针对假期制订一份私人计划不仅能让学生的假期生活更充实，而且能提升学生的自我规划和自主管理能力。

知易行难，制订计划很容易，但执行起来就会状况百出：计划太满，完成不了；计划太难，半途而废；计划单一，执行了几天就没了兴趣……

相关调查结果显示，超过55%的计划制订者在一开始对完成自己的假期计划充满信心，而最终却有88%的计划制订者未能完成他们的计划。这个对比很惊人，是吗？

"制订计划易，执行起来难"主要有以下四种原因：

● **缺少目标与结果预设**

制订计划解决的是"做什么、怎么做"的问题，而目标和结果关注的是"为什么这么做、做到什么程度"的问题。"目标—计划—结果"是一条完整的行动链，没有目标就没有动力，没有结果预设就无法评价目标的达成度，所以计划就成了空中楼阁。

● **内容过多、过细，没有变通的余地**

制订计划是为了让自己变得更好，所以它是综合的、系统的、无法一蹴而就的。比如寒假一般只有20多天，如果学生把所有想要改变的内容全部安排进去，他们就会发现计划制订得太大、太满、太散了，执行起来难见成效，没有成就感。

假期里的突发状况很多，如果计划没有变通的空间，反而容易使人焦虑。

● 低估了任务的难度系数

在制订计划的时候，学生往往会低估任务的难度系数。例如，在一天的计划列表中，他们会将大模块时间安排用于学科学习，将语文、数学、英语等科目的学习安排在一起。对比学校的课表，我们不难发现这样的计划对注意力和思维力有着很高的要求。假期需要劳逸结合、难易搭配的计划，否则只会竹篮打水一场空。

● 评价机制处于空白档

计划的落实离不开合理的评价。没有人是永动机，也没有人能仅靠终极目标就坚持到底。学生需要的是及时的评价以及合适的奖惩措施，以此让计划可评价、可调整。

这样一分析，我们会发现完成不了既定计划是大概率事件。

那么，怎样改变这一情况，让学生的假期计划更加切实可行呢？不妨从这五个步骤入手。

第一步：明确目标，给自己画一幅"自画像"

想要目标更明确，你需要让学生问自己三个问题：

本次假期一共多少天？

有什么技能是我最想在本次假期中提升的？

在有限的时间中，我主要应该完成什么？

这三个问题的答案足以帮学生明确目标。

举个例子：如果假期有20天，学生的目标是读完两本书，那么平均每10天就要读完一本书。考虑到不同书籍阅读体验的差异性，也许其中的一本会需要多用1～2天，所以你需要指导学生提前做好统筹规划。

不妨问一问学生："你希望自己假期后以怎样的形象出现在大家面前?"引导他们把那个形象"画在心中",学生的目标也就明确了。

第二步:确定两大主题,细化假期计划

有了目标,就需要用具体的相关内容进行填充。一般而言,假期计划主要围绕生活和学习两大主题展开。

生活方面:因为假期较长且居家生活较多,学生要注意通过家庭生活培养自己的综合能力,主要从生活习惯、动手能力、兴趣爱好等方面着力。

学习方面:主要从课内任务和课外任务入手。学生既要准时完成假期作业,又要根据自己的个体差异积极参与体验类、综合实践类学习,要学会在真实的生活情境中运用所学知识来解决问题。

需要注意的是:以上两方面只是一个大致的框架,学生应该根据自己的需求选择最适合自己的假期计划。比如"学会做一道菜并在过年期间做给家人吃",就是我的学生在假期里的一项计划。

第三步:根据计划三要素,列出计划表

计划的三要素是指:与目标相关联、可测量、有时间限制。

你一定见过类似表5-1这样的计划表:

表5-1　假期计划表

时间	周一	周二	周三	周四	周五
8:00—8:30	起床、洗漱、吃早饭				

时间	周一	周二	周三	周四	周五
8:30—9:30	语文	数学	英语	……	……
9:30—10:00	运动	练琴	画画	……	……
10:00—11:00	假期作业	假期作业	……	……	……
11:00—12:00	课外阅读				
12:00—13:30	吃午饭、娱乐、午睡				
……	……				

如有一年寒假，我也带着学生制作过类似的表格，可使用一段时间后，效果并不理想，因为它的控制性太强、灵活度不高。

大家不妨试试这张表：

表5-2　假期计划优化表

本周目标： （学习、生活）						
时间	周一	周二	周三	周四	周五	任务清单
上午时段						①假期作业 ②体育锻炼 ③课外阅读 ④家务劳动 ⑤休闲娱乐 ⑥和父母一起做一件事 ……
中午时段	午休					
下午时段						
……	……					
本周小结：						

表5-2的灵活度更高，更适合学生在假期使用——有目标预设，有达成目标的任务清单列表，还有评价反馈。

第四步：运用"后果演绎法"，减少干扰项

在两种情况下，学生需要用到"后果演绎法"。

● 学生知道自己不自律的"点"在哪里

假期里，有诱惑性的事物太多了。游戏、小说、电视、好吃好喝的、瘫在沙发上的感觉……这些都会让学生不自觉地陷入享受中，无法自拔。

● 学生意识到了今天的任务可能无法完成

如果是出现了突发事件，比如家里临时决定一起去做某件事，这打乱了学生的计划，不要紧，可以将安排顺延。

出现类似情况后，你可以让学生问问自己后果是什么，有没有能力承担。

比如问自己："如果我一直玩手机，会怎样呢？"

推一下结果后回答："如果我一直玩手机，我的视力可能会下降并出现驼背，影响身形。更严重的情况是，我可能会沉迷网络世界，与现实生活脱节。"

经过这样的演绎，学生会对浪费时间的影响形成更加清晰的认识，及时止损。

第五步：坚持每日复盘，不断调整计划

目标是终点，计划是步子，步子是否朝着目标走，这需要不断复盘来考量。复盘的过程就是评价的过程，回顾当天计划的落实情况，

仔细思考如何保持优势、调整策略。计划是学生自己参与制订的，自主复盘，对标找差，有利于不断更新计划。

复盘用不了多长时间，也不需要端端正正地坐好。在沙发上闭目3分钟，回忆一下今天的活动就足够了。

我也鼓励家长每周参与一次对孩子假期计划落实情况的评价。作为孩子成长的陪伴者，家长在放假期间需要承担起责任，发挥其在家庭教育中的作用。我推荐家长朋友们采取"三明治法"：先夸一夸孩子表现好的地方，再针对一些不足的情况给出建议，最后提出鼓励，表露对孩子的积极期待。

比如过年期间，一家人在一起，正是相互观察、互相学习的好时机。家长需要以身作则，给孩子树立"有计划就要落实"的榜样。

家庭是生活化的场所，当学生离开学校，回到家里，就开启了另一段成长的旅途。让他们带上自己的计划，严格落实，向着成长目标进发吧！

5.班级议事，怎么做

开学后，学生的状态可能并不稳定，所以每个班都会出现不少小问题。我身边很多班主任都在调整班规，修订班级公约，希望以明确的"底线"为抓手强化班级管理的各项规范。

当学生个体出现问题时，我们按规处理，对违纪学生进行惩戒，促其改正。这一切合情合理。然而，近期我却经常听到教师们谈论"按规治班"方面的烦恼。

归纳一下，烦恼如下：

个别学生开学后经常迟到且会找各种理由，教师多次提醒没有效果，学生不以为意。

教师批改作业时，发现少数学生存在明显的抄作业行为，与之谈话后，学生也承认自己存在抄袭行为，但并未改正。

值日班长汇报，有一些学生在课堂上存在插嘴、起哄等行为，影响教师授课。

……………

遇到上述这些麻烦事，不少班主任都会趁机开展集体教育，随即组织学生发表自己的观点，并讨论采用何种惩罚措施。

一时间，班里（中小学低年段）热闹极了，"正义之声"此起彼伏。大家七嘴八舌指责、批评违纪的学生，说出了他们的种种不好；违纪学生也不服气、不认罚，反咬其他学生的表现也好不到哪里去。在这样的对抗中，班会陷入了僵局，学生间矛盾横生。

其实，群议学生个体问题，是班级议事中的一种常见形式，然而它也是极难把握操作尺度的一种形式。因为班级议事这一模式可用来讨论和评价班级群体的发展状况，却不适宜用来评判学生个体，尤其不适宜用来批评和处理学生个体。群议的功能在"议"，而不在于"判定"与"惩戒"。

班级群议若运用巧妙，可以通过群议营造积极的班级管理氛围，约束学生个体，促使其自我改进；若运用不当，则有借集体之名向个体施加压力之嫌，更有可能会侵犯个体权益。因此，班主任要谨慎用之。

那么，群议个体问题，该如何操作呢？

首先，我们要明确一点：不是所有问题都适合通过群议的方式来处理。只有与集体利益有关的学生个体问题，才能群议。

比如：扰乱课堂秩序，影响了其他学生的课上学习；在食堂就餐吵闹、插队，损害了正常排队的学生的权益。这些行为，会让集体利益受损。此时出于对集体利益的维护，集体中的每一个成员就都具备了议论和评价的权利，从而形成了群议的基础。而上学迟到、抄袭作业、用语不文明等情况，只属于学生个人问题，并不会直接损害群体利益。这样的问题如果抛给集体来讨论，对个体学生进行惩戒（这与班规的讨论与确定性质不同），就属于越权群议。

当确定目标事件适合采用群议的方式后，我们又该如何把控群议流程呢？我觉得可以参考"罗伯特议事规则"。

班级议事要能体现班级管理的民主性，而班主任的职责就是引导学生在规则的约束之下实践班级议事的真民主。通过借鉴"罗伯特议事规则"，提高学生参与班级议事的有效性。

具体而言，我们可以从以下四项基本原则入手：

● 平衡

"罗伯特议事规则"维护各类人群的权益。运用到班级议事中，就是要维护每一个学生的权益：既要维护班集体的整体权益，又要维护个别违纪、违规学生的权益。

出于规避责任的需要，违纪学生会全力为自己辩解，这容易使其他学生不满，激发矛盾。为了维护班级和谐，群议过程中班主任要善于提问和引导。

就"如何让学生客观复述自己的违纪行为"这个问题，班主任应分步设问：

◎做了什么？

◎觉得哪里没做好？

◎当时是怎么想的？

◎造成了什么后果？

◎可以怎么弥补？

按照这个逻辑设问，全程与违纪学生平等交流，他们就会通过答问针对自己的行为展开一次反思。如此一来，参与议事的学生也能理性看待同学所犯的错误，将气愤、埋怨化为理解和宽容。

议事的目的不是惩罚，而是通过议论，议出事情的是非曲直，引导当事人反思、改正错误。针对学生的不良行为，我们也要进行自我反思：我们有没有在学生犯错时通过适当的方式向他们表达我们的不悦或反感？有没有及时加以提醒并要求其改正？如果没有给予犯错者任何提示便一味地进行惩罚，就破坏了班级议事的平衡性和民主性。这样的议事就是无效且盲目的。

● 了解

根据"罗伯特议事规则"，在产生议事结果前，决策人要对各方意见进行充分了解。将这一规则运用到班级议事中，就要求班主任多方调研，充分了解事情的起因、经过和结果。

初中生反映问题时常会情绪化、片面化和夸张化，所以班主任要多方调查了解，确保客观。不仅要问学生代表，还要向当事学生、相关学科教师和其他相关人员（比如家长）进行充分了解；不仅要了解事情发生的过程，还应关注事情背后的原因。

不少班主任在听到一点问题之后就"上火了"，立马想要杀一儆百，当着全班学生的面处理问题学生，但这往往会使我们忽略许多其他信息，致使当事学生口服心不服（心不服所以口不服的情况也不少，最后尴尬的还是教师）。

基于此，班主任在组织集体议事前，一定要了解事情的全貌，确保议事过程合情合理，公正科学。

● 辩白

"罗伯特议事规则"强调，所有决定必须是在经过充分辩论协商之后才做出的。持有不同意见的议事员，均有权在规定时间里向会议主持者表达自己的观点。为避免争执，所有发言均要由第三方（主持人）传话，意见不同的议事员之间不能直接辩驳。

放在班级问题的处理上，在议事学生的意见基本相同的情况下，班主任需要给犯错误的学生一个辩白的机会。班主任可作为会议的主持人，邀请当事学生和议事代表坐下来，先由议事代表陈述相关情况，再由违纪学生一一解释。在这一过程中，班主任要始终注意维护议事的公平性，不能偏向任何一方，要时刻把握对话的分寸，避免发生争执。

给犯错误的学生一次辩白的机会，其实也就是给教育一次机会。辩白是为了让立场不同的双方交换意见、换位思考、淡化矛盾冲突，让班级议事更理性、全面、实事求是，促使犯错误的学生进行自我教育。

● **再动议**

根据"罗伯特议事规则"，在初步得出议事结果后，若一方对原议事结果有所申诉，可组织所有议事人员进行再次议事和表决。

在经过了"平衡""了解""辩白"之后，议事学生基本都对所讨论的问题有了更加细致和深入的了解，这个时候再根据某些争议点重新组织讨论，更容易生成让所有人信服的处理结果。

在再次议事的过程中，班主任既要与当事学生深入交流，指出其错误，又要在班集体中针对不良行为发出抵制号召，做到个体教育与集体教育相结合。

为了提升群议的教育效果，在今后的班集体建设中，班主任还应进一步完善班规、班级公约，推进学生结对工作，加强班级舆论约束。对班级"重点对象"须采取多留心、多提醒的方式，充分发挥"自我教育+集体约束"的作用。

通过借鉴"罗伯特议事规则"，我们应该把握集体议事对学生个体问题处理的度，达到通过议事让学生进行自我教育的最终目的。

本章小结

　　聚焦学生成长问题，用科学的方法解决问题，让班主任工作真正做到实处。

第六章

家校新编，
给予家长具体指导

一、打破一谈学习就"鸡飞狗跳"的困局

1.孩子在家学习效率不高，如何引导

最近，我们班出现了几个自我留堂的孩子。他们放学后不急着回家，而是给自己加了一节"自习课"，说在学校写作业效率更高。

孩子在家学习效率（主要是写作业的效率）比在校低，这并不是家长和孩子的新困惑。事实上，这个问题存在已久，不过以往都是家长为此烦恼。这一次，当我的学生意识到了自己的问题并开始寻找方法进行调整时，我感觉，教育的契机出现了。

孩子主动想提高学习效率，主要有两方面的原因：从外因看，随着作业量和作业难度不断增加，孩子的作业用时增多，休息和娱乐时间减少，有些甚至影响到了睡眠，孩子不得不努力提高学习效率；从内因看，随着孩子年龄的增长，自我目标日渐清晰，孩子会自然而然地产生提高学习效率的希望，以求获取更多的可支配时间，实现自我完善和自我发展。

无论是出于哪种原因，孩子希望提高学习效率都是非常积极的成长需求，值得我们重视。

家长可以做些什么来配合孩子呢？我在此提出三点建议。

（1）改善卧室或书房的空间环境

让我们想一想，教室和家在物理空间上有什么差异？

教室里很少有毫无教育意义的装饰品，整体看上去简单、整齐；教室内光线适中，既不过分刺眼也不昏暗，而且孩子的课桌上通常都只放当堂课所需要用的学科材料和文具，无其他杂物。这样的环境有利于孩子专注学习和深度思考，不会对他们形成干扰。

家里的书房或卧室大多有色彩鲜艳的装饰画、花纹多样的墙纸；孩子的小书桌上往往都会放置他们喜欢的玩具、游戏周边产品、偶像明星玩偶，有时甚至还会放着果盘、零食。这样的环境是为生活服务的，舒适、放松是其主要基调。所以，当孩子居家学习时，就会出现注意力难以集中，学习积极性降低等情况。产生这样的放松感很正常，因为家庭原本就是生活的场所。

要调整家中的空间环境，家长可以这么做：

● 书桌"留白"，让书本随手可得

孩子的书桌上最好不要放其他物品，因为孩子在学习时桌面本就会摆放很多作业本、书籍。除了必要的饮水用具之外，放置其他杂物只会分散孩子的注意力。我们可以在孩子的书桌旁边设立书架或书篓，以便于孩子随手取用相关书籍。这样做有助于提升孩子的专注力，增强学习效果。

● 墙上挂一块白板或布置一面贴纸墙

家长可以让孩子将作业内容、时间安排、进程计划、自我评价，或者需要用到的公式、概念、新积累的生词等内容写到白板或贴纸上。这样的墙面有助于帮助孩子拆分学习任务，记录学习信息，进行可视化评价，最终使孩子形成自己的学习风格。

● 摆放一个计时器

时间的拆分和管理十分影响孩子的学习效率，通过设置闹钟，定时、限时完成作业，可以提高孩子的"时间敏感度"，强化学习效果。

（2）优化孩子写作业时的心理环境

我们再来对比一下孩子在校写作业和在家写作业的心理状态。

在校写作业时，孩子身边有教师指导，有同伴帮助，想偷懒的时候还会有教师督促，有班集体学习氛围影响。所以孩子在校学习时既有动力又有压力。

在家写作业就不同了。孩子累了，随时可以休息；孩子渴了，随时可以喝水；他们会时不时站起来走动，甚至还会玩手机，上网搜某道难题的答案。行动上的磨蹭和心理上的回避，直接影响了孩子的学习效率。

想优化孩子写作业时的心理环境，家长可以这么做：

● 强化动机

孩子的作业是教师衡量教学效果的重要参照，教师会根据学生的作业完成情况对后期的教学行为进行调整。孩子也通过完成作业检验自己的学习效果，巩固已学知识，发现知识盲区，在后期的学习中主动补缺。有充分的学习动机，孩子做作业、背诵文章等才会更积极。

● 管理时间

按照学校作息时间，设定单次作业时长为45分钟，这段时间内不允许做任何与写作业无关的事情。不能随意走动，不能以喝水、吃水果等事为由停下来，家长也不能在这段时间里打扰孩子。45分钟后，孩子可休息10分钟，放松一下。劳逸结合正是最好的时间管理。

● 配备工具书

遇到作业难点，先让孩子自己通过查阅工具书（如字典、语法书、概念手册等）进行独立思考。通过使用工具书，孩子不仅会深化对相关知识点的理解，解决问题，还会因此养成良好的自学习惯。使用工具书形成的是做题思维，而网上查到的多半是答案。

● **控制作业量**

孩子在家学习效率低，还有一个隐藏原因，那就是做完教师布置的校内作业，孩子还需要完成家长或其他辅导者布置的作业。这个问题只能由家长出面解决。作业不是越多越好，学习的效果是不能单单依靠刷题来增强的。家长对教师的信任，首先应该体现在对教师布置的校内作业的认可上。

● **建立互信关系**

在孩子做作业期间，家长要克制自己的主观猜想。其实孩子最反感的就是家长的不信任，如以关心孩子累不累为由，偷偷进卧室观察孩子是否在认真写作业。如果真的想陪孩子写作业（这种陪伴对低年级的孩子很重要），家长可以在旁做自己的工作或者看书。家长偷看孩子的次数越多，孩子的注意力就越难集中。

（3）帮助孩子克服作业中遇到的困难

孩子在家写作业效率低，往往与他们遇到的困难有关。不同于在学校随时可寻求教师与同学的帮助，孩子在家写作业时，多数情况下都是在"孤军奋战"。所以，如果在某个难题上卡住了，孩子就很容易产生畏难情绪。没有成功的体验，效能感低，学习效率自然就低了。

想帮助孩子克服作业中遇到的困难，家长可以这么引导：

● 调整顺序

先复习后做作业，先简单后复杂。

很多孩子图快，拿起题目就做，大脑缺少对知识的记忆、加工、建构，运用时自然就会遇到困难。先复习，再做作业，孩子对知识点有了清晰的了解，运用起来便能得心应手了。在完成某科作业时，应教孩子先处理简单问题，后进行难点突破，按照学习梯度一级一级来，许多问题就迎刃而解了。

● 优化选择

选择难度适中的题目来练习。

有些作业题仅仅是对单一知识点的重复考察，一味进行机械练习并不利于孩子能力的提升，反而会使孩子失去做作业的兴趣。家长可鼓励孩子根据自己的情况主动对作业进行筛选，如果孩子觉得教师布置的作业明显低于自己的学习水平，可主动与教师进行沟通。当然，这也要求教师在布置作业时做好分层设计。

● 鼓励询问

建议孩子标记出疑难处，第二天找同学或教师解决。

如果遇到难度过大的问题，家长要鼓励孩子做好标记（包括自己思考到了什么程度，推进到了哪一步），第二天到学校与同学或教师交流，在互动中寻找解决途径。

催促改变不了孩子在家做作业效率低的现实情形。看到在家学习与在校学习的区别，找到有针对性的方法和策略，家长才能帮助孩子缓解二者之间的矛盾，帮助孩子提高学习效率。

这些方法说来容易，但要坚持做下去却很难。所以，要想孩子有所改变，家长就必须有耐心、有方法，持之以恒。

2.考试前，要不要主动联系教师了解孩子的复习情况

临近期末，我和一些家长针对孩子的复习情况进行了交流。交流后有家长告诉我："老师，我早就想联系您了解孩子的复习情况了，但又不好意思打扰，一直很纠结。"

这句话传递出了两个信息：第一，我主动与家长沟通的频率还需要提高，因为家长有从教师口中了解孩子情况的需求；第二，家长有主动联系教师的想法，却常常纠结于"该不该""要不要"，最终没有落实到行动上。

这绝不是某一个家长的苦恼，而是一个普遍存在的问题。很多家长都表示他们犹豫过要不要主动联系教师，就连我身边的一些朋友（他们自己就是教师），也很纠结要不要主动与孩子的班主任或任课教师联系，了解孩子的情况。

现在我们就来聊一聊这个话题：考试前，家长到底要不要主动联系教师，了解孩子的复习情况呢？

家长这种纠结心理的形成原因是什么？是认知（观点）冲突。

● 家长想把握关键时间点

期末考试是对孩子整个学期学习情况的一次总结，试卷的信度和效度都很高，考试的组织也很严密，所以这是一件让人又期待又焦虑的事。家长在这样的关键时间点与教师联系，可以增强自身对孩子复习过程的关注，做好孩子的支持者。比起考完后针对结果的交流，考前与教师沟通的效果更好。

● 家长担心给教师添麻烦

家长很清楚教师期末的工作量——复习课的准备工作比新授课

更复杂，课后的订正与辅导、期末的评价与总结都会让教师处于高强度工作的状态。家长担心主动联系教师会影响教师工作，引起教师的反感。

● 家长害怕暴露孩子在家的不良表现

学校和家庭是两类不同性质的场所，孩子在面对教师和家长时，也会因为自己角色的不同而表现不同。许多家长都会担心在与教师沟通的过程中，把孩子在家的一些不那么积极主动的表现说出来，暴露孩子的缺点，影响教师对孩子的印象，进而影响亲子关系。

● 家长自我说服，难得糊涂

大部分家长最终没选择主动联系教师的原因在于自己给自己找了一个合理的解释："老师没找我，说明我家孩子的表现还说得过去，如果问题很大，老师一定会找我的。"不联系教师，还能凭着自我安慰得过且过；如果联系了，一旦发现孩子有问题，自己就会变得焦虑和烦躁，会忍不住管孩子。也有家长表示，教师给出的建议和要求自己不一定能做到，与其如此，索性不问算了。

基于以上这四种认知冲突，家长很容易陷入纠结。

作为班主任，我建议家长不要被这些想法左右，大胆地在考前主动与教师联系，沟通孩子的情况。

考前与教师沟通，至少有三个好处：

第一，传递出"积极合作"的信号。

期末复习是否有效不仅取决于孩子是否认真参与了课堂，还取决于他们课后是否能严格按照教师的要求和建议进行自主梳理。针对后者，家长的协助与督促就很重要了。如果孩子能在家中将预习和复习的任务好好完成，他们在课堂上就能更好地与教师互动，突破重难点和易错点了。其实，家校沟通的需求是双向的，如果家长能够率先发出沟通信号，教师也会更加关注孩子。

第二，便于家长说出自己的困难。

教师找家长沟通的时候，通常都会问一下孩子在家里的情况，此时若是孩子表现欠佳，家长往往不太好意思开口。但主动联系教师，家长就掌握了对话的主动权，更便于家长咨询孩子的情况，寻求教师的帮助。比如，孩子不同意家长检查他们的作业却又不主动认真完成，一做作业就锁门，偷偷玩手机，等等。在沟通过程中，家长需要注意的是，要尽量客观地描述孩子在家里的具体表现。这样做不仅是为了家长能更好地控制自己的情绪，也是为了教师能从真实的情况中分析总结出有针对性的方法和对策。

第三，互通消息，保持家校着力方向一致。

教师眼中的学生和家长眼中的孩子是不完全相同的，所以更需要家校互通消息。比如有些孩子在课堂上表现非常积极，可作业质量却很差，问了家长才知道，他们在家里十分磨蹭，写作业时注意力不集中，甚至还有偷偷使用手机玩游戏的情况。相反，另外一些孩子在校表现平平，但在家十分努力，可因为不擅长表现自己，错失了很多受表扬的机会。孩子是变化发展中的人，这就要求家长和教师一定要保持交流，全方位地了解孩子，帮助孩子。

主动联系教师有这么多好处，家长朋友们还有什么可纠结的呢？

如果您还在为怎样与教师联系才能取得最佳效果而烦恼，不妨遵循以下四条建议：

建议一：选择恰当的沟通时间

一次充分的家校沟通至少需要15分钟，所以家长要提前弄清楚孩子所在班级的课程表，选择在教师没有课务且自己的工作也有足够空余时间的时候联系教师。如果教师的课务集中在上午或下午，那就尽量选择教师无课务的那半天联系。

这三个时间段不建议联系教师（除非是重要且紧急的事情）：10:00前、12:00—14:00、20:00后。

10:00前，不管有没有课，教师都一定在批改作业，需要集中注意力；

12:00—14:00，通常是教师与学生纠错订正、辅导谈话、午休的时间；

20:00后，教师也需要回归到家庭生活中，偶有空闲，大部分教师也会利用这段时间进行备课、阅读、写作等。因此，除非是紧急事件，否则家长最好不要在20:00后联系教师。

避开了教师的高强度工作和休息时段，沟通的时间就选对了，也就不存在打扰教师的问题了。

建议二：预设具体的沟通内容

家校沟通应该是有主题的，通常都是围绕孩子的学业发展和身心成长话题展开。所以家长在与教师沟通前，要有明确的内容设计，切忌漫谈式对话。

针对考前这个特殊的时间点，以下三个内容非常适合用来沟通：

◎反映孩子在家复习的情况（表扬+批评）；

◎说清自己在陪伴孩子复习的过程中做了什么，有什么效果，存在什么困惑；

◎向教师了解孩子复习阶段的侧重点，咨询是否需要自己配合，以及有哪些配合要求。

这三个内容既能帮助双方架设起家校沟通的桥梁，又能使家长根据孩子目前的复习重点调整自己的配合方案，帮助孩子提高学习效率。

建议三：采用"艺术"的行动方法

沟通的目的是激发孩子的行动力，所以与教师联系之后，家长要及时向孩子进行正向反馈。

这里，我向大家提供两种比较"艺术"的做法，帮助大家纠正孩子的不良行为，改善亲子关系。

◎用第一人称提出表扬。

家长不妨主动告诉孩子，自己与教师进行了沟通，在沟通中自己看到了孩子的努力和进步，所以要表扬孩子。你可以采用这样的句式："爸爸/妈妈发现你在……上很认真（一定要具体），所以我想表扬你。"这是对孩子的良好行为的正向强化。

◎用第三人称提出要求。

不少家长在与教师沟通后产生了很多想法，比如：想要求孩子加快写作业的速度，控制手机使用，有针对性地整理错题等。但是当家长提出这些要求以后，孩子不以为意，他们不听、不执行，家长反而更生气。这时不妨把主语换掉，借教师之名表达，如"今天老师提到你在……方面需要改进，他希望你接下来……"这样一来，孩子就会对你所提出的要求十分重视（注意，你所提出的要求必须是合理的）。

建议四：进行有效的二次反馈

考前联系的效果毕竟有限，若想提升效果，家长最好在考后7~10天内与教师进行第二次联系，这次联系的目的是归因和反思。

考后的前2天是教师集中阅卷的时段，要想把每个学生的试卷都分析透，至少还需要3天。同时，考后3天左右也是教师引导学生进行试卷纠错的时段，这个过程也需要延续数天。所以，家长最好在考完7～10天内与教师进行第二次联系，这样才能比较准确地把握孩子在本次考试中的表现。

结合考情，家长可以有效评估考前联系的效果，如效果不佳，可以进一步和教师进行交流，寻找改进的措施。第二次联系是对考前联系的跟进，它将使整个沟通形成一个闭环，意义重大。

掌握与教师联系的必要方法，了解相关注意事项，通过家校沟通让双方着力方向一致，将更有利于孩子的发展。

3.考试后，我希望家长这样与孩子谈成绩

某次期中考试成绩出来后，我立马就收到了四位家长的咨询短信，他们问的问题几乎一模一样："老师，我看到孩子的成绩了，我该怎么办呀？"这四位家长都是主动联系我的，字里行间，我能感受到他们的紧张、焦虑。那其他家长呢？他们又会对孩子的成绩做出怎样的反应呢？我猜想很多家庭里已经开始开"批评大会"了。

我赶紧在家长群留言：

"各位家长，晚上好。期中考试成绩已出，有情绪的家长今晚请务必做好一件事：不批评孩子（因为批评会阻断孩子的反思），让孩子冷静面对考试结果，做一个详细的小题分析。错的是什么题、什么类型、什么考点，错误的原因可能是什么，后期准备做什么来改变这个情况，明天让他们带上自己的分析报告来找我。"

发完后，我又觉得这条短信不足以和家长共情，他们可能不会听我的。于是，我赶紧补发了两条消息进行解释：

"成绩不理想，孩子本来就很难过，如果再被家长批评，他们可能会发火，还会转嫁责任（可能会想：我都已经被你们批评过了，那考不好我也付出代价了）。所以，批评只会导致一个结果——没有人关注错误原因和后续做法。

"让孩子做一个详细的分析明天来找我，就是为了及时帮助他们分析考情，找出短板。如果耽搁太久再对考试进行分析交流，那时孩子可能压根就不把这次考试放在心上了。"

我能理解家长为什么想发火：自己陪读了这么长时间，孩子却没考好；平时花了那么多心血辅导孩子，孩子的成绩却没提高；孩

子的学习习惯不好，又总是顶嘴，怎么说都说不听；孩子考试效果不理想，还满不在乎……自己怎么可能没有情绪呢？此时不发火，更待何时？

我也能理解孩子为什么那么抵抗家长的说教：

不管自己是否真的尽力了，但好歹辛苦了两个月，结果成绩却不理想。这个时候孩子已经很窝火了，旁边的家长却还在抱怨："你看×××，考得多好！""怎么样，我就说你平时不好好学习不行吧！""我就知道你考不好！"……这个时候不顶嘴，自己都觉得自己窝囊。

当"想发火"遇上"想抵抗"，家庭矛盾一触即发。

考后，家长是有必要第一时间与孩子谈论成绩的。因为考试本身就是一种学习诊断，我们都希望通过阶段性测试来强化有效做法，发现隐藏问题，做出适当调整。但是我们必须要注意方式方法，不能把谈论变成责怪，最后一"吵"而散。

那么，考后我们该怎样与孩子谈论成绩呢？我认为，可以按照以下步骤操作。

第一步：表达自己的情绪

● 正向反馈，给予孩子鼓励

孩子考得好时，给一个拥抱、一个微笑，真诚地说一句"你真棒"，让孩子感受到肯定与支持；孩子考得不好时，也要给一个微笑，拍拍他的肩膀，和蔼地说："爸爸妈妈相信你下次一定会进步的。"以正向反馈给予孩子鼓励，拉近和孩子的距离。

● **客观陈述，表达出自己的情绪**

如："爸爸妈妈看到你的成绩后，有一些难过。"我不太建议大家用"失望"这个词，它的否定性太强了，"难过"则比较适中。家长在表达完情绪后，一定要将问题反抛给孩子："你一定也很不开心吧？"这样的情绪表达，会让孩子感觉到被爱、被理解，感受到父母愿意和自己一起面对问题。

第二步：通过提问，引导孩子反思考试结果

在引导孩子反思考试结果的时候，家长一定要注意方式方法。

● **少问封闭性问题**

"是不是？""对不对？""你错了吗？"……

不要设法通过这样的提问让孩子承认自己不够努力或没有发挥好。这种问法暗示着家长心中早已有了否定的答案，孩子又怎么能坦诚地跟你对话呢？

● **多问开放性问题**

"你有什么感受？""对于这次考试的结果，你怎么看？"……

在对话中提一些开放性问题有助于引导孩子关注、分析问题。

分析试卷时，你可以这么问：

"这门学科有没有发挥得好的地方？是什么题型？平时有什么好的学习方法吗？

"这门学科的提分点（失分点）在哪里？失分到底是什么原因造成的？

"你后期准备怎样进行调整？"

第三步：让孩子讲出需求

让孩子把第二步提问中所提问题的答案清清楚楚地写下来，关于改进方案，我个人建议写三条左右，太多了就做不到了，做不到的东西就不要写。

比如，有一次我在和孩子沟通的过程中，孩子与我约定：每周限时阅读训练三次（每次15分钟），每周写一篇作文，每天积累词语二十个，每天中午在校练字一页（这个学生有书写不清晰的问题）。

在实践改进方案的过程中，孩子一定会遇到困难。那么，"你希望得到什么样的帮助？"这些我都会要求孩子一并写下来。

第四步：表达信任和期待

信任和期待是最神奇的"药"。

我们都见识到了批评和责骂的无效（当然，短期效果是有的），我们必须找到其他有效的方法教育孩子。

家长对孩子无条件的爱绝对不单单体现在物质的满足上，还应该体现在充分的信任与情感支持上。这些说来简单，但要长期实践却很难，可教育本就是一个细水长流的过程，需要我们持续发力才能见效。举个不太恰当的例子：炖鸡汤时，也只有小火慢炖才更入味。

4.这样参加家长会，效果更好

开家长会是家校合作最常见的方式之一。通常情况下，每所学校每个学期至少会召开两次家长会。以班主任为核心的任课教师团队精心准备，其投入不比上一节公开课少；家长全程参与，花费的时间、精力也不少。

然而，开家长会的效果如何呢？

不少家长有这样的困扰：家长会上各科教师的要求不完全相同，虽然听了好几个小时，掌握了一些教育方法，可到具体执行的时候，自己还是不知从何下手。

所以，我想给家长朋友提几个强化与会效果的建议。

（1）带着问题参加家长会

家长在与会前，会与孩子一起认真分析近期的学习和生活情况吗？以期中进行的家长会为例，它的召开时间通常是在期中考试的后一周。很明显，这场家长会是指向期中考试的得失分析及后续家校共育的策略交换的。

期中考试的成绩出来后，家长应趁热打铁，先和孩子认真地进行一次成绩分析，分析方法可参考本书前面的内容。在对孩子各方面的情况有了一定的了解后（包括知识维度、方法维度、习惯维度），家长就可以开始列自己参加家长会的问题清单了。有所准备，才会带着问题去听，与教师高效交流。

教师最害怕的就是家长对孩子的情况（除了分数以外）一无所知。这样来参加家长会的家长仿佛是一个陌生人，即便他们把教师讲的要求全都记下来，也没有办法在策略层面进行调整和配合，无法真正对孩子起到积极影响。

教师也同样害怕家长这么问："老师，我家孩子最近怎么样？""老师，我家孩子最近学习认真吗？"这类问题不需要问。孩子近况如何，是否认真，家长难道不清楚吗？如果真的不清楚，家长就该反思自己对孩子的关注是否到位了。

那家长应该怎么问呢？以我所教的英语学科为例，我希望家长这么问我："老师，我孩子的英语基础不够扎实，单词经常拼错，您看我在家里可以怎么配合他？""老师，我孩子阅读理解题错误率较高，他准备积累词汇并做一些阅读拓展，我需要怎么配合他？"

能这样问的家长必然做到了以下三点：

第一，他在家里和孩子已经认真地分析了考试结果，并对结果背后的原因进行了探讨。

第二，根据分析的结果，他和孩子已经制订了一些策略和计划。

第三，他准备配合孩子，他需要我给出配合的建议。

这样一来，我们（即家长和教师）就站在了同一边，共同为孩子的发展而努力。配合孩子主动改变而不是代替孩子学习，这才是开家长会的初衷。这样问，还可以帮助教师了解孩子的情况，使教师因材施教，取得更好的教学效果。

（2）带着表扬，回家与孩子交流

我在教室外候场时，总会听到孩子们这样的对话："走，去看看他们（家长们）什么表情！""不知道老师会怎么讲我。"

孩子对家长会的感觉是什么？

是告状会、批评会……孩子从来不会觉得家长会是家长和教师一起帮助他们的成长会。为什么会这样呢？很大一部分原因是开完家长会后，家长都会有所行动，让孩子感觉大难临头。

我建议，开完家长会后，家长在与孩子交流的过程中要采取"三段式沟通法"：表扬—鼓励—提建议或要求

这样做的好处有三个：

第一，拉进了亲子关系和师生关系。

教师在全班家长面前表扬了孩子，孩子的自信心自然会增强，会觉得教师关注并认可他，觉得家长在乎他。这种感觉多么重要啊！

第二，让孩子看到了希望。

接受表扬的孩子已经有了学习的动力，这时候家长要趁热打铁，鼓励孩子正视自己目前存在的问题，同时，还要明确提出改进的要求并且鼓励孩子努力调整。

第三，使孩子更容易接受家长的建议。

按照我们的预设，开家长会前家长已经和孩子进行了交流，孩子也自主制订了一些计划。这些计划有些可能会存在可行性问题，需要孩子结合家长和教师的建议进行调整。采取"三段式沟通法"后，孩子基本不会对交流讨论产生抵触心理，因此也更容易接受家长的建议。

这么多门学科，总会有一位任课教师表扬到你的孩子。如果真的没被表扬到，家长则需要和教师进行单独交流，找到孩子的闪光点，回去对孩子提出表扬。若单独沟通也没能找到孩子值得表扬的地方，你还可以对孩子说："××老师说你的上升空间很大，只要你在……方面做些改变，你就肯定能在……方面有所提高。"

家长需要明白一个道理：如果没有教师表扬你的孩子，你就应该更加关注他、鼓励他，发现他值得表扬的地方。

（3）带着主导意见，召开家庭会议

每个家庭通常只有一名代表出席家长会（绝大多数情况下是母亲）。可在孩子的教育上，很多东西是需要全家达成统一意见的。所以，家长代表去学校开完家长会之后，一定要拉上另一位监护人一起开一个家庭会议，传达家长会精神，讨论形成下一阶段家庭对孩子的一致要求，明确原则和底线。

这里我特别要强调隔代抚养的问题。社会的发展节奏很快，家长的工作和生活压力很大，请爷爷奶奶或外公外婆照顾孩子是难免的。但是，隔代抚养极易产生教育问题（老人更容易溺爱孩子）。所以，如果家庭中孩子的主要照顾人是爷爷奶奶或外公外婆，我们开完家长会之后，一定要记得叫上家里的长辈参加家庭会议。既不能伤了老人的心（他们照顾孙辈也很不容易），又不能让老人因对孩子的溺爱突破家庭教育的底线。

家庭成员努力的方向一致，孩子才会有方向。孩子目前存在什么问题，下一阶段会遇到什么挑战，家里可以配合孩子做什么、怎么做……家庭成员必须形成统一的意见。参加家长会的成员要发挥主要作用，因为你直接参与了家长会，对孩子的情况有更加深入的了解，而且你能来参加会议，也说明了你在孩子的成长过程中占据了重要的地位。

既然是家长会，聚焦的行为主体就应该是家长。家长在陪伴孩子的过程中可以做怎样的调整，在营造良好的家庭氛围上需要做些什么

工作，都应该在家庭会议上讨论清楚。最好能形成文字方案，成为"家庭契约"。

　　参加家长会是一门学问，希望以上三个建议能帮助家长增强与会效果。

5.发挥三个心理效应，引导孩子适应新学期

新学期悄然开始，每个家庭都要重新出发。仔细观察你就会发现孩子是个矛盾体：时而斗志昂扬，大有新学期要扭转乾坤之势；时而畏首畏尾，"贪恋"假期，不愿面对现实。

怎样帮助孩子迅速做好假期与新学期的过渡，发挥正面的、积极的家庭教育影响呢？家长不妨从以下三个心理效应入手。

（1）新起点效应
学期伊始，最有动力

新起点效应指的是在新的一年开始时，人们会更加积极地参与能让自己变得更好的活动。事实上，心理学家发现这种积极活动的峰值也会出现在每个月开头的那几天，或者每周的第一天。这些日子被称为"时间里程碑"，它们从其他的日子中"脱颖而出"，打破了我们惯常的行为模式。它使我们主动复盘，以评估自身发展，获得做出某个决定并坚持到底的动力。

新起点带来新动力，它给了人主动改变的勇气和"改变一点点就会一点点改变"的信心。

具体而言，家长可以这样做：

● 布置卧室和书桌

改造生活环境往往能让人耳目一新。经过一段时间的假期生活，想必学生的卧室，尤其是书桌上一定会有些凌乱。没有叠好的被子、未收进衣橱的服装、随手摆放的书籍、用过的文具……试着将其重新归整好，改变凌乱的环境，营造学习氛围，发挥环境对孩子成长的积

极影响力。

● **调整台灯的亮度**

光线对孩子的视力、阅读效果和注意力都有影响。换一盏护眼灯，调节台灯的亮度，确定台灯摆放的位置，优化这些小细节将有助于提高孩子学习和阅读的主动性。

● **购置计时器和软桌垫**

做任何事情都需要有时间观念，合理分配时间是提高孩子学习效率的重要方法。做作业要限时，休息也要限时，有了计时器，孩子学习起来会更加专注。软桌垫有助于提高孩子书写的流畅性和工整度，垫子下还可以压放一些重要的讲义、计划表，便于孩子取用。

● **采购新书和文具**

不要只是网购各种书籍和教辅资料，多带孩子去书店转转，翻一翻书本的目录，试读一下编写内容，让孩子根据自己的学习风格选择适合自己的教辅用书，每科一本足矣。

文具的购买也有讲究。如今，文具做得越来越精致，"网红款"很多，它们色彩鲜艳还有各种隐藏小功能，孩子很容易"入坑"。这样的文具很容易分散孩子的注意力，所以最好不要购置，至少不能让孩子在学校使用。设计简洁大方的传统文具和考试规范文具就是最适合孩子的。

● **树立新学期目标，制订计划，预设实践中的困难**

家长要在开学时和孩子认真地进行一次交谈，结合课表、学校活动等内容拟定新学期的计划。家长可以引导孩子先努力实现一个小目标，再为实现下一个目标而努力。

在计划中，要预设有可能遇到的困难，和孩子提前做好应对预案。

把目标和计划写在纸上，张贴在孩子的书桌上方或卧室的墙上，给予孩子积极的暗示。

新学期的第一个月，孩子的动力最足，干劲最大。我们应当把握时机，充分发挥新起点效应，让孩子主动改变。

（2）贴标签效应
优秀之处，不断强化

人们一旦被贴上某种标签，就会自发地朝着标签所标定的形象发展。心理学家研究后认为，之所以会存在这种效应，是因为"标签"对人具有导向作用。无论是好是坏，它对一个人"个性意识的自我认同"都有强烈的影响。

鉴于这种效应的存在，新学期，家长不妨给孩子贴上这样几种标签：

● 生活类标签

劳动达人、下厨能手、运动高手、顾家达人，或是有责任感、自理能力强、会换位思考、懂得感恩……只要家长仔细观察，一定能从生活的点点滴滴中发现孩子的闪光点，帮助孩子正向成长。

● 学习类标签

主动预习、积极发言、及时订正错题、敢于质疑、热爱阅读、善于举一反三、勤于思考、专注度高……有关学习习惯的积极标签能够使孩子提高学习效率，增强自信心，变得更加主动、好学。

● 交往类标签

友善待人、大方、擅长与人合作、有领导能力、乐于助人、有组织能力……积极的交往类标签能让孩子在与人交往中提升自己，在团队合作中实现自己的价值，变得更加活泼开朗。

贴标签就是一种暗示，家长不妨留心观察，发现孩子的闪光点，给他们贴上积极的标签，实现正强化。

（3）自己人效应
对等的关系，成长的共同体

在人际交往中，如果双方关系良好，一方就更容易接受另一方的某些观点、意见，甚至对对方提出的要求也不太会拒绝。这就是"自己人效应"在起作用。

在日常生活中，我们都会表现出对"自己人"的信赖与偏爱。

家长本就是孩子最亲的"自己人"，但是随着孩子独立意识的增强和家长控制欲的提升，亲子矛盾不断升级，导致孩子总是以最坏的态度对待最亲近的人。

想要恰当地表达出和孩子是"自己人"，家长可以这么做：

● 做好积极示范

家长是孩子的榜样。你希望孩子多读书，自己在家里就要带头阅读；你希望孩子参与家务劳动，自己就要和配偶做好家务分工；你希望孩子少用手机，自己就要主动放下手机，参与家庭生活；你希望孩子认真思考，自己就要主动学习，多和孩子讨论。只要你真正做到了以身为范，孩子自然就会向你靠拢。

● 多与孩子聊学校里的事情

新学期，孩子在学校里一定会遇到很多新鲜事。从人的发展角度来看，每个人都有分享与表达的需求，孩子在这方面的需求尤其大，但是家长往往不能耐心地倾听孩子的表达，还习惯于用自己的发言打断孩子说话，一来二去，孩子自然就不愿意跟你交流了。

● 对孩子感兴趣的事表示出兴趣

除了学校里的事，孩子的世界里还有很多新奇的东西。体育、艺术、娱乐明星、最新的电影、歌曲、微博热搜、知乎问题……当孩子谈到这些话题时，家长一定要表现出兴趣，这会让孩子觉得自己是受关注和被认同的。没有基本的认同，没有共同语言，孩子也不会对你所说的事情感兴趣。

● 分享自己的经验，给孩子提供参考

家长也曾经是孩子。你不妨试着以这样的句式与孩子交流："我也遇到过类似的烦恼，当时……""像你这么大的时候，我曾经……"切记，不要夸夸其谈，不要总提"当年勇"，要学会适当"示弱"，让孩子意识到每个人都会遇到麻烦，重要的是想办法解决麻烦。另外，家长要牢牢记住，时代已经不同了，我们的成长经验并不一定还奏效，所以孩子不想听也是正常的，千万不要有"我是父母，你必须听我的"的想法，坦诚地说出自己的成长经验，给孩子一个参考，让孩子自己决断是最好的。

新的学期，亲子关系的发展将迎来新的契机，利用好这个机会，成为孩子的"自己人"，与孩子保持平等的关系，形成发展共同体。

站在学期的起点，家长既要有"万事开头难"的心理准备，又要有"良好的开始是成功的一半"的信心。在帮助孩子适应新学期的过程中主动思考，积极改变。

智慧的家长，一定是会顺应孩子的成长规律施教的人。以上建议，不妨试一试吧！

1.假期中，如何引导孩子合理使用手机

不少家长向我反映，一到假期，孩子就"机不离手"。家长白天上班，孩子放假在家，管理难度大。再加上线上学习、作业打卡、外出联系等都给孩子提供了使用手机的理由，手机就这样成为了家庭互动的"易燃易爆点"！

如果要用"谈虎色变"来形容家长对手机问题的反应，那么我们首先就要好好观察一下这只"老虎"。

我建议家长先从时段、场合、用途这三个方面来观察孩子使用手机的情况。

我发放过一份学生问卷（针对拥有个人手机的学生），统计所得的使用数据在此提供给大家参考：

● **使用时段**

91%以上——睡前、起床时；

80%以上——等待或乘坐公交车、地铁时；

73%——感到无聊或无事可做时；

43%——和好朋友或同学约好一起线上讨论或玩游戏时。

这样来看，手机使用的时间集中于独处、等待、无聊、线上交际时，既可以是大段时间，也可以是"见缝插针"。

● 使用场合

第1种：在一个人独处的情况下；

第2种：在周围有较多陌生人的情况下；

第3种：在周围人都在玩的情况下。

不同的场合使用手机有不同的心理需求。

一个人独处时：脱离了社交环境，有交往的心理需求，使用手机能随时随地、轻而易举地建立起人与人的联系。

周围有较多陌生人时：心理上存在不安全感，把自己"藏"在手机里，"藏"入网络世界中，以免尴尬。

周围人都在玩时：环境对人的影响是巨大的。一起玩手机，就有共同话题，容易与他人结成"同盟"。

这样来看，手机主要发挥了交往的功能——与人的交往、与外部世界的交往。

● 用途

100%——用过哔哩哔哩、抖音、小红书等视频软件；

80%以上——拥有两个及以两个上的QQ号、微信号、微博账号；

72%——用手机玩游戏；

66%——用手机听音乐、看视频；

50%以上——用手机拍照、修图、制作表情包；

47%——用带有较强学习或生活功能的软件，如百度、有道、美团等。

从用途上看，孩子使用手机主要是出于两种需求：社交与娱乐需求、学习与信息加工需求。

根据以上信息，让我们对孩子"机不离手"进行一下深入分析：

◎手机软件和游戏的研发符合孩子的心智认知。

短视频、小游戏等内容上手容易，似乎不用花多少时间就能帮助人放松，但一旦"入坑"，就会形成一种瘾，让孩子时时刻刻惦记着玩手机。

◎在虚拟世界中，孩子更容易产生参与感、获得感、成就感。

经大数据分析后自动推送的内容，往往很容易戳中孩子的兴趣点，与孩子建立情感联系。同时，在虚拟世界中，孩子可以完成现实中无法完成的事情，产生强烈的获得感，弥补了现实生活中（尤其是学业水平上）的成就感空缺。

◎现实生活体验不佳，受到了成人的影响。

我们需要明白的是，不是非得弹琴作画才叫生活多姿多彩。和家人聊天，参与家务劳动，自己选购图书并沉浸在阅读里……这些都是积极的生活方式。可当父母都不再关注彼此沟通、共做家务、阅读的时候，孩子就会接收到这样一个信息：玩手机是最便捷、最能获得即时性满足的事情。

经过分析，家长是不是能比较客观地看待手机使用问题了呢？确实，它像是一只猛虎，稍有不慎就会毁掉一个孩子，但只要管控得当，它也是可以在孩子的成长中发挥积极作用的。

那么，怎样引导孩子在假期中合理使用手机呢？我有四点建议。

（1）重塑观念，避免禁果效应

在有些问题上，我们必须达成共识：

◎手机本身并没有问题，问题在于如何合理使用手机；

◎在信息化背景下，手机的使用可以"切一刀"，但不可以"一

刀切";

◎你越是禁止孩子使用手机，越会增强手机对孩子的吸引力。

心理学上的禁果效应指的是"不禁不为、愈禁愈为"的逆反心理现象。它告诉我们：要求人们做什么或不做什么，必须有相当充分的理由，否则只能适得其反。

因此，对于手机的使用，特别是在家里使用，家长不能简单粗暴地禁止，而要先转变自己的观念，将自己放在孩子的位置上去考虑。

（2）灵魂三问，做好价值定位

你不妨让孩子在使用手机前这么问自己：

我需要使用手机做什么？（解决目标问题）

我会受到什么影响，得到什么结果？（坚持结果导向）

我可以用什么方法控制自己，而不是让自己被手机控制？（明确自控策略）

通过这三个问题，引导孩子正确使用手机，孩子一旦清楚了自己的目标是什么，就不会沉迷于使用手机了，因为他有更重要的事要去做。结果导向的作用与我之前提到的"后果演绎法"一样，其原理、效果我在此就不再赘述了。我们再来说说自控策略。自控的方法因人而异，有的孩子提出"不将手机带入卧室"，解决了睡前玩手机影响睡眠的问题；有的孩子提出在台灯下贴上"提醒便利贴"，这样在写作业时就能有效控制自己玩手机；有的孩子提出使用"番茄计时法"，将手机的使用时长纳入时间管理中，解决了分神的问题。所以，具体的自控方法还得自己定。

（3）制订公约，建立互信关系

当孩子意识到手机的管理很重要以后，家长就要与孩子一起制订"家庭手机管理公约"。其实，这对家长的挑战更大，因为这要求家长有很强的掌控力。

我建议公约包括以下内容：

◎使用手机的时段、场合、用途、功能及内容（未成年人使用手机要注意提高网络安全意识，提升网络素养）；

◎父母及子女各自需要注意哪些事项（结合家庭情况，将需要注意的条目单独列出）；

◎违反公约的惩罚性措施（以家庭亲子互动的方式进行惩罚更有效果）。

公约制定后，父母就要完全信任孩子，放手让孩子去做，自己也要严格按照公约执行。父母与子女互相监督、互相评价。通过共同努力，亲子关系将会更加和谐，家长对孩子使用手机的管理也将更有效。

在从他律走向自律的过程中，信任是神奇的催化剂。

（4）现实吸引，享受多彩生活

全面思考使用手机的问题，我们对孩子使用手机的管理会更加有效。孩子过度使用手机的原因往往不在于手机中的世界有多么精彩，而在于现实中的世界多么无趣。那么，在假期中家长该如何让孩子转变观念，发现现实世界里的精彩之处呢？

寒假中，我们可以让孩子去寻找身边的"年味儿"，看看城市里有哪些与"年"有关的元素；带孩子一起去采购年货，寻找人间烟火气，感受最平凡热辣的市井生活。

我们不妨让孩子带上手机，用手机拍下他所看到的新鲜事物，分享给亲朋好友，让生活变得更加丰富多彩。

鼓励孩子运动，阅读，参与家庭生活，与小伙伴互动玩耍……让孩子用心感受真实的、多彩的现实生活，感受生命的温度，脱离手机的控制。倘若孩子觉得"现实如此美好"，他们便不会愿意把自己困在游戏里了。

2.亲子对话总被"怼"？ 家长不妨试试这十句话

为什么家长总被孩子顶撞？我们先要了解孩子叛逆心理的成因。叛逆心理是青少年成长过程中普遍存在的一种心理，属于青春期的特色。在这样的心理过渡期，孩子的独立意识和自我意识日益增强，青少年急切地想要摆脱成人的束缚。

如果此时家长和教师的引导方式不当，就会引起孩子的反抗，他们会想要挑战权威。家长和教师都是孩子人际圈中的"重要他人"，挑战这样的人能给孩子带来极强的满足感，仿佛这样就证明了他们已经长大了，拥有了独自行事的能力。

所以就出现了我们身边常见的"怼怼"们。这其实是孩子成长的信号，换句话说，这是孩子在经验生成中的求助信号。

在引导青春期的孩子时，家长和教师必须朝一个方向用力。家长要关注孩子的心理需求，从满足合理需求的角度多问孩子一些开放性的问题。

以下这十个句子，能够构成一个完整的"话轮"，提高对话质量：切入情绪（共情）—回顾事件（归因）—提供建议（行动）—表达期待（信任）。

（1）"你有什么感受？"

我们要让孩子充分表达情绪并完全接纳孩子的情绪。允许孩子说，鼓励孩子说，让孩子详细描述自己看到了什么、听到了什么、接触到了什么，低年龄段的孩子还可以描述自己闻到了什么、尝到了什么……语言是表达自我的一种方式，但不是唯一的方式。我们还可以让孩子通过画画、写关键词（如形容词、动词）等方式表达自己的情绪。父母回应的方式也有很多，拥抱、拍拍肩膀、摸摸头都是父母表示接纳孩子情绪的方法。

（2）"我想听听你的想法。"

很多时候，孩子不愿开口的原因是家长或教师总用自己的想法来控制谈话的节奏。我们提出的绝大部分问题都是封闭性问题，如："是不是""对不对""错没错"。其实这些问题，家长心里都预设了答案，即认定孩子有错，需要通过对话让他认错，如果孩子不认错，家长就会生气；可如果孩子认错了，孩子的情绪也就上来了。这种交流对孩子来说是责怪而不是帮助。那么，怎样才算是帮助呢？要让孩子谈想法。给孩子一个表达的窗口，家长用心倾听，才能真正实现有效的亲子交流。

（3）"你觉得问题出在什么地方？"

这个问题旨在归因，家长与孩子对话的时候要特别注意倾听和换位思考。为什么要倾听？因为孩子在归因时为了逃避责任会倾向于向外归因，所以我们要通过倾听找到孩子的认知偏差，进行积极引导。为什么要换位思考？因为换位思考可以让我们跳出自己的思维阈限，更加理解孩子。二者综合，孩子情绪层面的问题就基本解决了。在后续教育中，我们所要关注的就是对问题的分析和处理。

（4）"你准备怎么解决？"

孩子之所以叛逆，是因为他想做的事情总是被家长质疑、否定。

为了弥补这种心理缺失，面对家长交待的事情，孩子自然会拒绝、对着干。其实，如果我们把某些事情的处置权交给孩子，情况就会完全不同了。使孩子获得处置权有两种结果：第一，孩子真的想出了一些不错的办法，他在实践中提升了自己的行动能力；第二，孩子想不到什么有效的办法，在尝试之后，孩子发现了问题，开始主动求助。你看，不管能不能解决问题，结果都会朝好的方向发展。

（5）"你需要爸爸妈妈给你什么帮助？"

这句话听起来就很温暖，不是吗？首先，它体现了立场的一致性，即父母和孩子站在同一战线上，共同面对问题，父母是孩子的支持者。其次，它体现了角色的辅助性，既满足了孩子的独立需求，又满足了父母对孩子成长的参与需求。"我帮你"永远比"你要听我的"更容易让孩子接受。

（6）"我们试一试？"

孩子是在不断试错中成长起来的。"试一试"三个字，传递出的是一种信任，是一份与父母、教师、同伴一起面对问题的安全感。

"试一试"的结果，也无外乎两种：第一，问题解决了，孩子会因为自己有能力处理问题而变得自信、积极；第二，问题没有解决，但孩子也并不会因为一次失败而沮丧，因为在尝试解决问题的过程中，孩子一定会有别的收获。

（7）"你可能会遇到什么困难？"

孩子经验不足，家长不敢放手的原因也大多是担心孩子没有能力独立解决问题。那么，我们就需要引导孩子对问题的解决过程进行预判。如果盲目行事，屡试屡败，孩子就会产生"习得性无助"（即因为重复的失败而产生的对现实的无望感）。行动应该建立在有所准备的基础之上，根据已有条件，推测解决问题的过程中有可能遇到哪些麻烦，做好预设，这样孩子独立解决问题的能力就会越来越强，思维也会越来越缜密。也正因为做了预判，孩子有了面对困难的准备，即使后期真的遇到了挫折，也更容易坦然面对。

（8）"你从中获得了什么经验？"

如果说上一句是指向预判的，那么这一句就是指向复盘的。无论是成功的经验，还是失败的教训，都是值得总结的。家长不要主观地评价孩子，孩子最不喜欢的就是家长以自己的经验来衡量一切。确实，随着时代发展，现在的孩子遇到了很多我们当年并没有经历过的诱惑与挑战，我们的经验在许多方面早已失效。所以，我们应该做的是和孩子在当下生成新的（共同）经验。孩子自己总结的经验，才会具备迁移性，孩子才能够用它们去解决不断出现的新问题。

（9）"我很高兴，你……"

这句话是真实、具体的评价，而不是宽泛的表扬。家长一定要具体说明孩子的什么行为让你觉得高兴，这样才可以正向强化孩子的行为，让孩子偶然的好行为常态化。这句话，还能增强孩子的自信心，因为"我很高兴"四个字，就传达了家长对孩子的肯定。

（10）"咱们换个方法试试。"

客观地评价孩子的努力，如果他没成功，就鼓励他调整方法，和他一起继续想办法。在这样的对话中，孩子比较容易具备成长型思维。他会更加坚强，会认为自己遇到的挑战可以帮助自己成长，挑战越大也就意味着自己成长的空间越大。即使挑战失败了，他也不会轻易否定自己，而是会从过程中寻找存在的问题，不断改进，不断调整。

改变，并没有想象中的那么难。但家长若希望孩子改变，自己便要先行动起来。

家长们可以从我所提供的这十个句子入手，耐心与孩子沟通，也许不知不觉间，孩子就懂事了。

3.家庭教育中爸爸总缺位，怎么办

好的家庭教育依赖于夫妻双方的共同努力，但在现实中，绝大部分家庭都是女性在承担育儿任务。事实上，爸爸、妈妈的角色缺一不可。只有当夫妻形成了育儿共同体，在面对孩子的成长问题时有商有量，互相支持，才能促进孩子的全方位发展。

如果情况特殊，爸爸在家庭教育中不得不缺位，妈妈可以怎么办呢？

（1）调整心态，坦然面对

据相关调查结果显示，在55.8%的家庭中，日常陪伴孩子的都是妈妈。爸爸陪伴较多或爸爸妈妈陪伴一样多的家庭仅占12.6%和16.5%。

妈妈们不得不接受这个现实：大概率上爸爸们在家庭教育中是缺位的。

让我们先来分析一下造成这种局面的原因：

◎男女的认知方式和成熟度存在差异。

从认知方式上来看，在面对问题时，男性普遍更自信，认为自己有能力解决所有事情；女性往往更有忧患意识，能细致地考虑事情发展的各种走向。基于这样的差异，在教育孩子方面，爸爸们更偏向于"放养"，而妈妈们则更偏向于悉心教育。再加上不同性别的身心发展规律不同，夫妻间身心成熟度也往往不一致。爸爸们总显得有些"神经大条"，这也是为什么很多妻子会觉得自己不是找了个丈夫，而是多养了个儿子。

◎将自身的成长经历投射到了孩子身上。

比起妈妈们，爸爸们小时候可能会更加顽皮一些，因此在主动性、自律性、目标性等方面都有所欠缺。举个不恰当的例子，文学作品中那些混世魔王，游手好闲、得过且过的角色一般都是男性，这是有一定的现实依据的。爸爸们在相对宽松的环境中长大，在孩子的教育问题上自然会更加"仁慈"。还有一些爸爸，因为自己在小时候就没有受过父亲角色的有益影响，所以并不知道究竟怎样做个好父亲。

◎在孩子早期生活中参与感不强。

女性从孕育宝宝的那一刻起，就会将自己定义为"母亲"，她们会主动学习育儿知识，悉心操持与孩子有关的一切事情。男性在父亲角色上的体验感就稍弱一些，有时候还会被妻子"嫌弃"笨手笨脚，所以随着孩子渐渐长大，男性家长会越来越不知道自己该做些什么。

◎受到老旧思想的影响。

"男主外，女主内"的老旧思想在当下仍然存在，尽管妈妈们在职场上的表现可圈可点，回去后仍然会主动操持家务、照顾孩子，爸爸们则更偏向于以工作忙为借口，寻找放松的机会。

◎对教育的发展现状不了解。

随着时代发展，教育资源的均衡度大幅提高。以前，家长都将希望寄托于教师的"教"，可当下"教"的差距正在快速缩小。我们可以在网上找到许许多多的学习资料，"会面"各大名师，这就使得家庭教育对孩子的影响越来越重要。许多的爸爸正是因为没有意识到这一点，参与家庭教育的积极性才不高。

我并非在为任何人的缺位开脱，但是当我们进行了分析之后，我们就能更坦然地面对这一切了。缺位固然不可取，但我们仍应化指责和抱怨为巧妙引导，邀请爸爸们参与家庭教育。

（2）认可为先，激发爸爸们的责任感

我们要明白，在家庭生活中，夫妻关系一定是先于亲子关系的。妈妈们的眼中不能只有孩子，也要关注丈夫，用妻子的身份（而不是母亲的身份）和丈夫对话，这有利于流露出你对丈夫的需要、认同、鼓励和期待（当然爸爸们也必须时刻牢记自己为人夫的身份）。

妈妈们要充分认可爸爸们在孩子成长中的重要作用，要告诉爸爸们，孩子的成长不能缺少父亲的关注。在培养孩子的体力、思维力、意志力、刚毅性等方面，爸爸的影响是巨大的。所以，孩子需要他，自己也需要他。

有了妻子的提点，爸爸们便能重新审视自己的角色，实现自我成长。大多数爸爸并非不关心自己的孩子，而是没有意识到自己对家庭、对孩子的重要性。妈妈们不妨好好回想一下，在孩子的成长过程中，孩子的父亲有没有做过什么很好的事。放大这些积极面，让爸爸们有价值感、被需要感，以此促使他们产生家庭责任感。

人是一种容易被标签影响的生物。当"好爸爸"人设建立后，爸爸们自然就会行动起来维护自己的形象。

（3）明确约定，鼓励爸爸们承担起责任

当爸爸们投身家庭教育之后，妈妈们就要与之做好约定，即约定好爸爸们具体要做什么，做到什么程度。

我想起了以前在网上看过的一个段子：爸爸们送孩子上学的时候，总喜欢在校门口给孩子拍照，而妈妈们则很少这么做。原因很简

单：对于爸爸们而言，一个学期送孩子上学的次数寥寥无几，他们自然感觉很新鲜、很欣喜；妈妈们几乎每天都要接送孩子，且接送完孩子之后还有一大堆家务要做，她们自然就不觉得新鲜了。

所以，妈妈们要善于创造机会，鼓励爸爸们参与进来。

我建议可以按照"三个一"原则明确约定：

● 每个学年至少参加一次家长会

家长会是家长深入了解孩子的最佳机会，孩子在现阶段的表现，后续发展的方向，学校对家长的建议，家长需要在家庭教育中履行的责任等，都是家长会上教师会与家长重点沟通的内容。让孩子的父亲去参加家长会，直接面对教师，这会在很大程度上刺激到爸爸们的神经，让他们更理解妈妈们为什么常常为孩子焦虑。

● 每个月至少和孩子一起进行一次亲子活动

男性在体能和运动力方面普遍比女性更有优势，因此妈妈们应该鼓励爸爸们和孩子通过运动的方式来增进感情。同时，妈妈们也可以用这个时间好好放松一下，让爸爸们带着孩子出门运动，这样有助于缓解自己的压力。

● 每个月至少与孩子进行一次深入沟通

孩子进入青春期以后，可能会产生逆反心理，拒绝与妈妈沟通。这时候，我们不妨让爸爸出场，换一种对话方式与孩子进行谈话。这样不仅有利于解决问题，更有利于促进孩子的心理发展。

有了这"三个一"，爸爸们就有事情做了。忙，不再能成为他们不参与家庭教育的借口，这也能拉近他们与孩子之间的距离。

（4）认清事情的性质，灵活处理

夫妻双方在共同培养孩子的过程中肯定会有分歧。每个人看待问题的角度不同，理解和表达爱的方式不同，意见自然会不同。重要的是，我们要学会灵活处理这些分歧。

对于原则性问题，双方必须统一战线。比如：孩子应该养成哪些好的习惯，树立怎样的学习目标等。在这些问题上如果父母意见不一致，或某一方抱有无所谓的态度，孩子就有可能误入歧途。对于非原则性问题，双方要客观分析，共同讨论。比如：孩子上什么兴趣班，学什么才艺等。当夫妻双方有不同意见时，我们不妨分别写下自己的意见，再一起进行讨论。这样不仅有利于解决问题，而且可以避免冲突。

需要强调的是：不管在什么情况下，父母都不要当着孩子的面发生争执。一方面，这会给孩子造成不良的影响，让孩子不知所措；另一方面，这也会让孩子找到"空子"，消极面对自己遇到的问题。如果不赞同对方的意见或处理方法，我们也必须尊重对方，通过沟通达成共识。

人最大的幸福就是通过努力给予他人幸福。爸爸作为家庭中的重要一员，有权利也有义务参与到孩子的教育中来，陪伴孩子成长。

4.接送孩子上下学的路上，这三件事千万别做

我一般都是走路上下班，每次晚自习后，总能看到校门口停着不少接孩子的车，家长就站在车边，待孩子们从学校里出来了，家长第一件事就是接过孩子的书包背在自己身上。孩子走在前面，家长跟在后面，双方几乎没有交流。

我经常听到一些家长抱怨："孩子在家和在学校完全是两个样！他在家什么事都不做，也不肯跟我们交流，一直玩手机，我们实在拿他没办法！"

可是，这完全是孩子的错吗？我觉得不是。当然，我相信每一个家长都是全心全意爱着自己的孩子的，大家只是没找到合适的方法去教育孩子。

世界观与方法论是紧密结合的。你如何看待问题，就会如何解决问题。就接送孩子这件事来说，我认为家长有必要认识到：有些事情，家长是不该做的。就事论事，我在此向家长提三点建议。

（1）不要替孩子背书包

书包重，初中生又处在成长发育的关键期，许多父母会心疼孩子，帮孩子背书包，想给孩子减负。不过，在我们将这种想法付诸实践前，不妨先问自己几个问题：

◎孩子在校园里，书包谁替他背？

◎书包那么重，有没有可能是因为书包里装着本不需要装进书包的东西？

◎那么多书本，每本都有必要每天带回家吗？

◎教室里的书包柜（每人一个），孩子有没有充分利用起来？

其实，给孩子的书包减重、肩膀减负，有很多方法，"替他背"是最不好的一种。

为什么孩子在学校里可以自己解决问题，可以和同学合作完成任务，回到家却不积极、不主动呢？

因为他知道，只要自己不动，父母就会动。

自己的事情让孩子自己去做，父母要做的只是给孩子提供建议，加油打气，帮助他们复盘，千万别让自己用"做苦力"的方式参与孩子的成长，否则你的付出只会被孩子视为一种理所应当。

（2）不要允许孩子在路上玩手机

家长的想法，我能理解：孩子在学校学习了一天很辛苦，回家还要做作业，在路上玩一下手机，无可厚非。

不过，我想追问家长朋友几个问题：

◎在路上玩手机的孩子，进了家门之后真的能控制自己不继续玩吗？

◎同意孩子用玩手机来放松，这种教育方法对吗？

◎孩子在路上玩手机，有哪些安全隐患？

这几个问题想明白了，我们就会知道，允许孩子在路上玩手机是一种错误的做法，这会让孩子觉得玩手机是一种正当的放松方式，所以才会得到父母的允许。

除了在路上玩手机，我还看到过很多孩子在上学途中边走边拿着书背诵。好学固然好，但也实在没必要刻苦到这个地步！

安全问题、视力保护问题、亲子感情维系问题……考虑到这些，我们便应该明白，允许孩子在路上玩手机或者背书是错误的。

（3）与孩子对话不要过于强势

送孩子上学时，许多父母都会唠叨：上课不要走神，不要违反课堂纪律，不要和同学闹矛盾，不要……

接孩子回家时，父母又要"盘问"孩子：今天上课有没有走神，作业有没有做完，老师有没有批评你……

长此以往，孩子在上学、放学路上就不愿意和父母交流了。

适当地提醒是有必要的，但不要事事、时时都说个没完没了。家长不妨设计几个话题，与孩子进行交流。

我在此向大家推荐几个不错的话题：

◎和孩子聊一聊最近的班级活动，问问孩子参与其中有什么特殊的感受；

◎跟孩子讲一讲自己的成长小故事（最好说一说自己的糗事）；

◎与孩子一起听听歌，聊一聊"听后感"；

◎和孩子谈一谈近期的热点新闻；

◎问一问孩子最近在学习和人际交往方面有没有遇到什么问题，需不需要自己提供帮助。

这些话题都比较轻松，有利于拉近亲子关系。通过合适的方式，谈论合适的话题，父母便能够更了解自己的孩子，孩子也能够更信任自己的父母。

在孩子的成长过程中，父母大有可为。因此，父母要做该做的事，做有价值的事，而不能大包大揽。

5."双减"政策颁布后，家长应该做什么、怎么做

自中共中央办公厅、国务院办公厅印发了《关于进一步减轻义务教育阶段学生作业负担和校外培训负担的意见》（简称"双减"政策）后，家长们喜忧参半。具体而言，大家的担忧集中在这几个问题上：

叫停校外培训，会不会造成阶层固化？

叫停校外培训，会不会造成"私教"盛行？

"双减"政策会不会导致孩子"放羊"？

"双减"政策之下，我们该怎样培养孩子？

想弄明白这些问题，我们首先需要了解国家颁布"双减"政策的目的：让学科教育成为学校教育的重点，减轻家庭负担（包括经济上的负担和精神上的负担）。"双减"政策出台以前，学生在校和在家的情况相差无几：在学校学习，在家里补习。受舆论影响，大部分家长都会将自己的孩子送去上辅导班或请辅导人员来家里为孩子辅导功课。"双减"政策出台后，家长们失去了方向。

（1）孩子的空闲时间增多了，怎么办？

"双减"不是"乱减"，学校要充分利用各种资源，做好课后服务，开展各种课后育人活动，在校内满足学生多样化的学习需求。原则上来说，课后服务的结束时间不能早于当地的下班时间。对于有特殊需要的学生，学校还应提供延时托管服务，在充分保障教师权益的基础上，安排教师实行"弹性上下班制"。

对于家长来说，叫停课外培训后，正好可以利用这些空出来的时

间帮助孩子养成良好的学习习惯。习惯的养成不是一蹴而就的，而是日积月累的。那么，孩子应该养成哪些学习习惯呢？不妨参照表6-1：

表6-1　家长施教行动表

家长应做什么	具体怎么做	为什么要这么做
相信教师的专业能力	按照教师的要求做（特别是教师在家长会上提出的要求和建议），认真落实，及时反馈	教师以教育为业，其专业能力是值得家长信任的
	与教师保持联络，因材施教	学生之间存在个体差异
	不在孩子面前议论教师或学校	家校合育的前提是彼此信任
分析孩子的学习风格	观察孩子的学习行为	学习行为反映学习风格
	从孩子的坏习惯入手	坏习惯的背后是错误的学习认知
指导孩子改进学习方法	结合孩子的特点，积极与孩子所在班级的任课教师沟通	家校信息互通更有利于家长了解孩子，从而指导孩子改进学习方法
激发孩子的学习兴趣	创设情境，鼓励孩子运用所学知识解决生活问题（如计算花销，制订旅游攻略等）	兴趣激发动力
	添置学具（地图、地球仪等）	
	经常向孩子"请教"，与孩子一起讨论问题	成就感催生前进力
	记录孩子的积极变化	
让孩子自律	引导孩子树立切实可行的目标	自律是一种自我提升的能力
	督促孩子做好时间管理	
	奖惩并行	

家长应做什么	具体怎么做	为什么要这么做
协助加固孩子的薄弱区	与孩子一起分析考试结果，找到失分点，制订计划	明确薄弱区，才能"对症下药"
	鼓励孩子找教师咨询错题，突破重难点	
	用好辅导书、线上资源	
	制订个性化学习方案	
	维护孩子的自尊心	

家长应深入理解表格内容，落实好相应的培养方法，帮助孩子拥抱更美好的明天。此外，家长还应对孩子所在的学校有所了解，因为学校的办学理念、师资、校园文化、课程设置等内容都会对孩子起到潜移默化的作用。

家长也好，班主任也好，普通任课教师也好，都是学生的同行人。"双减"政策之下，必须要携手同行，才能帮助孩子不断进步。

本章小结

　　在育儿这件事上，家长最缺少的就是具体而有效的指导。作为班主任，我们应该掌握相应的教育教学方法，并将这些切实可行的教育教学方法传授给学生家长，帮助他们提高家庭教育水平，不断从一个成功迈向另一个成功。

图书在版编目（CIP）数据

班主任工作，从入门到精通 / 沈磊著. — 长沙：湖南人民出版社，2024.5

ISBN 978-7-5561-3518-9

Ⅰ.①班… Ⅱ.①沈… Ⅲ.①班主任工作—研究 Ⅳ.①G451.6

中国国家版本馆CIP数据核字（2024）第066289号

班主任工作，从入门到精通

BANZHUREN GONGZUO,CONG RUMEN DAO JINGTONG

著　　者：沈　磊

出版统筹：陈　实

监　　制：傅钦伟

资源运营：湖南中教出版传媒有限公司

责任编辑：张玉洁

特邀编辑：刘　缘

产品经理：冯紫薇

责任校对：周海香

封面设计：董严飞

版式设计：饶博文

出版发行：湖南人民出版社有限责任公司［http://www.hnppp.com］

地　　址：长沙市营盘东路3号　邮　编：410005　电　话：0731-82683357

印　　刷：长沙新湘诚印刷有限公司

版　　次：2024年5月第1版　　　　　印　　次：2024年5月第1次印刷

开　　本：880 mm×1230 mm　1/32　　印　　张：8.5

字　　数：250千字

书　　号：ISBN 978-7-5561-3518-9

定　　价：52.00元

营销电话：0731-82221529（如发现印装质量问题请与出版社调换）